DAS RIVERDALE FANKOCHBUCH

60 mörderisch gute Rezepte

TEXACO
DRINK
Coca-Cola
Sold Here Ice Cold
HM-66681
Wi-Fi
GARAGE
A CHILLING THRILLER
PSYCHO
MARION CRANE
MY GARAGE
MY RULES!
MOTOR OIL
TEXACO
GENUINE PARTS
SERVICE
Esso Extra
DRACULA
BELA LUGOSI
HELEN CHANDLER

Tom Grimm
DAS
RIVERDALE
FANKOCHBUCH
Mit Fotos von
Tom Grimm & Dimitrie Harder
EMF
EIN BUCH DER
EDITION MICHAEL FISCHER

Inhalt

EIN PAAR WORTE VORWEG
7

REZEPTE
11

PANCAKES MIT BLOSSOM-AHORNSIRUP
14

CHERYLS ERDBEER-VANILLE-SHAKE
16

CHOCK'LIT-BROWNIES
18

JEDE MENGE DONUTS!
20

MRS. COOPERS QUICHE
24

HAUSGEMACHTER ORANGENSAFT
26

MR. ANDREWS' TOMATENSALAT
28

JUGHEADS GEBURTSTAGSKUCHEN
30

JINGLE JANGLE
32

VERONICAS LIEBLINGSMACARONS
34

ESPRESSO MARTINI
38

FEINES NEW YORKER HUMMERSÜPPCHEN
40

VERONICAS ORANGENSALAT
44

BEAN & BELUGA CROISSANTS
46

MAC & CHEESE SANDWICH
48

POP'S BERÜHMTE ZWIEBELRINGE
50

SOUTHSIDE FIZZ
52

BULLDOG-SMOOTHIE
54

MISS GRUNDYS PICKNICK-SANDWICH
56

HERZSCHMERZSALAT
58

BREZEL-KARAMELL-POPCORN
60

THE SOUTHSIDE SERPENTS' SHANDY
62

PIZZA GEHT IMMER!
64

MISS GRUNDYS HENKERSMAHLZEIT
66

KIRSCH-CUPCAKES
68

BULLDOGS LEMON & LIME-ENERGYDRINK
70

CRISPY CHICKEN FINGERS
72

SEITE 14
BLOSSOM MAPLE FARMS
MAPLE SYRUP
SEITE 2
WELCOME TO
Riverdale
THE TOWN WITH
PEP!
BAR
SEITE 7
SEITE 48
SEITE 64

SEITE 76
SEITE 82
SEITE 100
SEITE 120
SEITE 148

AMERICAN COLESLAW
74

COSMOPOLITAN
76

KEVINS PAUSENSNACK
78

POP'S SODA FLOATS
80

JUGHEADS HOTDOGS
82

ARCHIES SÜSSKARTOFFELPOMMES
86

POP'S SALTED-CARAMEL-MOUSSE
88

POP'S BAGEL-BURGER
90

POP'S CHILI CHEESE FRIES
92

RIVERDALE SUNDAE
96

BABYLONIUM-DAIQUIRI
98

POP'S SHRIMP PO BOY
100

LEGENDÄRER BACON-CHEESEBURGER
102

POP'S STEAKHOUSE-POMMES
104

LUNA RUM SOUR
106

POP'S MÖHRENKUCHEN
108

MRS. COOPERS GEFÜLLTER FESTTAGSTRUTHAHN
110

ZWEIERLEI CHOCK'LIT-WAFFELN
114

DOUBLE CHOCOLATE BANANA SHAKE
118

TRUTHAHN-ROGGENBROT-SANDWICH
120

FRITOS PIE
122

MOOSE MILK
124W

MOZZARELLA-STICKS MIT SPEZIALSAUCE
126

ICED COFFEE FÜR DICHTER & DENKER
128

POP'S APFELKUCHEN
130

THE CHERYL BLOSSOM
134

THORNHILL-HIRSCHEINTOPF
136

OPFERLAMM-PASTETE
138

HEXENLASAGNE
142

GRYPHONS-GEMÜSECHIPS
146

SÜNDENKUCHEN
148

GARGOYLE-COOKIES
150

REGISTER
152

ÜBER DEN AUTOR & ÜBER DEN FOTOGRAFEN
158

DANKSAGUNG
159

EIN PAAR WORTE VORWEG

Mama Gump pflegte bekanntlich stets zu sagen: „Das Leben ist wie eine Schachtel Pralinen – man weiß nie, was man kriegt." Genauso verhält es sich mit Riverdale, der TV-Adaption der in den USA seit sage und schreibe achtzig Jahren extrem erfolgreichen Archie-Comics. Hier wie dort steht das Leben einer Gruppe amerikanischer Teenager in der Kleinstadt Riverdale im Mittelpunkt, die zusehends abgefahreneres Zeug erleben. Was als zwar eigenwilliges, aber noch halbwegs „rationales" Teenie-Mystery-Drama beginnt, wird spätestens ab Staffel 3 immer schräger, bis man sich im späteren Verlauf der Serie mehr als einmal fragt, wie viel Jingle Jangle sich die Macher der Show eigentlich reingezogen haben, um auf solche durchgeknallten Ideen zu kommen.

- Serienkiller? Check!
- Mysteriöse Selbstmorde? Check!
- Superkräfte? Check!
- Hexen mit übernatürlichen Fähigkeiten? Check!
- Tote Hauptfiguren, die aus dem Jenseits zurückkehren? Check!

In Riverdale ist schlichtweg alles möglich!

Und genau das liebe ich an dieser Show! Vor gar nicht allzu langer Zeit – noch vor fünfzehn, zwanzig Jahren – bewegten sich Serien in wesentlich engeren Grenzen, die den Verantwortlichen hinter den Kulissen wenig Spielraum für kreative Experimente ließen. Man hatte ein festes Setting mit einem festen Cast, wöchentlich wechselnde Gaststars und so eine Art „Fall der Woche", der im Wesentlichen stets nach demselben Schema ablief. Das Kalkül dabei: Wenn der Zuschauer im Groben wusste, worum's in der Serie ging, hatte er selbst dann nicht das Gefühl, irgendwas verpasst zu haben, wenn er nur alle paar Wochen einschaltete. Denn die Möglichkeit, versäumte Episoden einfach nach Belieben per Streaming nachzuholen, gab es „damals" noch nicht. Wer nicht zur rechten Zeit vor der Glotze saß, um das neueste Abenteuer von *Magnum, Colt Seavers* oder *Raumschiff Enterprise* zu erleben, hatte schlichtweg Pech und konnte nur darauf hoffen, dass das Ding irgendwann mal auf VHS oder (später) DVD erschien. Aus diesem Grund gab es auch keine übergeordneten Handlungsbögen, die von Folge zu Folge aufeinander aufbauten und eine episodenübergreifende, komplexe Geschichte erzählten, wie es heutzutage gang und gäbe ist. Früher waren Fernsehserien wie Bugs-Bunny-Cartoons: Man brauchte keinerlei Vorkenntnisse, um sie goutieren zu können.

Dann kamen in den 1990er-Jahren innovative, wegweisende Shows wie *Akte X – Die unheimlichen Fälle des FBI* und *Buffy – Im Bann der Dämonen* auf den Markt, die mit dieser etablierten Formel brachen, indem sie Episoden präsentierten, die ganz bewusst gegen den Strich gebürstet waren, beispielsweise, indem sich die Protagonisten plötzlich vollkommen anders verhielten als sonst, die Folgen in Schwarz-Weiß gedreht waren, die Hauptfiguren nur noch singen statt sprechen konnten – oder komplett stumm waren. Das Ganze hätte leicht nach hinten losgehen können. Doch das Publikum fand es großartig, bekannte Charaktere hin und wieder mal in einem anderen Licht zu sehen – und was früher die Ausnahme war, hat Riverdale quasi zur Regel gemacht. Genregrenzen gelten bei dieser Show nicht. Erlaubt ist, was gefällt. Hauptsache, es wird nicht langweilig!

Und langweilig zu sein, kann man Riverdale nun beim besten Willen nicht vorwerfen!

Umso bedauerlicher, dass die Serie 2023 mit der 7. Staffel offiziell in die (vorerst) letzte Runde geht. Das Ende ist in Sicht. Noch eine Saison, dann heißt es Abschied nehmen von Archie, Jughead, Betty, Veronica, Cheryl und all den anderen ikonischen Bewohnern von Riverdale. Aber kein Grund, Trübsal zu blasen – mit diesem Kochbuch fühlt ihr euch weiterhin, als wärt ihr mittendrin. Zumal die Serie noch etwas gezeigt hat: Kein Abschied ist für immer!

Wer weiß, vielleicht gibt sich die Riverdale-Gang in ein paar Jahren nochmal die Ehre. Dann ist Jughead Gossip-Redakteur beim Riverdale Register, Cheryl leitet einen Selbstfindungskurs für überkandidelte Rothaarige mit Gott-Komplex, Archie betreut ein Pinguin-Forschungsprojekt in der Arktis (Hauptsache möglichst weit weg!), Veronica verdingt sich als Luxus-Callgirl in Dubai und Betty hat irgendeinen Football-Star geheiratet und lebt mit ihm und ihren zwanzig perfekten Kindern in einem Mormonen-Dorf in den Apalachen. Oder so. Ist mir alles recht – so lange Pop's Chock'lit Shoppe bleibt, wie es ist! Denn manche Dinge im Leben sind so gut, dass man sie einfach nicht besser machen kann.

In diese Kategorie fällt eindeutig auch die Menükarte des Pop's, wo so ziemlich alles aufgetischt wird, was das (Junkfood-)Herz begehrt: Hamburger, Hotdogs, allerlei Milchshakes, Eiscreme, Sandwiches, Waffeln, Kuchen und, natürlich, stapelweise Pancakes mit dem berühmten Blossom-Ahornsirup! Überhaupt wird in Riverdale ungeachtet des Umstands, dass keine Figur einen BMI über 15 zu haben scheint, praktisch pausenlos getrunken und geschlemmt. Wie wär's zum Beispiel mit Veronicas geliebten Schoko-Mandel-Croissants, Thornhill-Hirscheintopf, Mrs. Coopers Quiche, Jugheads Burger-Geburtstagstorte oder dem „Sündenkuchen", der zu Beginn von Season 6 Archies unschönes Schicksal besiegelt? Auf den folgenden Seiten findet ihr diese und noch viele weitere Speisen und Getränke, die in der Show auftauchen oder davon inspiriert wurden. Selbst, wenn ihr schon immer mal wissen wolltet, wie's wohl ist, sich eine Dosis Jingle Jangle reinzupfeifen, findet ihr hier das passende Rezept. (Aber nicht Sheriff Keller verraten, der ist diesbezüglich ziemlich unentspannt!) Also rückt eure Jughead-Gedächtniswhoopees zurecht, schnappt euch eure Rucksäcke – und auf nach Riverdale!

Tom Grimm

REZEPTE

PANCAKES MIT BLOSSOM-AHORNSIRUP

FÜR 4 PORTIONEN

ZUTATEN

400 ml zimmerwarme Buttermilch

2 zimmerwarme Eier (Größe M)

300 g Mehl (Type 405)

Salz

3 TL Backpulver

50 g Zucker

1 Pck. Vanillezucker

3 EL Butter, plus etwas mehr zum Ausbacken

150 g frische gemischte Beeren (z. B. Himbeeren, Heidelbeeren)

Ahornsirup zum Garnieren

ZUBEREITUNG

In einer Schüssel mit einem elektrischen Handrührgerät Buttermilch und Eier verquirlen.

In einer separaten Schüssel Mehl, 1 Prise Salz, Backpulver, Zucker und Vanillezucker miteinander vermischen.

In einem kleinen Topf bei mittlerer Hitze die Butter schmelzen und zusammen mit dem Buttermilch-Ei-Gemisch zu den trockenen Zutaten geben. Alles sorgsam vermengen und 15 Minuten ruhen lassen.

Bei hoher Hitze in einer großen Pfanne etwas Butter schmelzen und mit etwas Abstand zueinander jeweils 3–4 EL Teig pro Pancake hineingeben. (Wer großen Wert auf besonders gleichmäßig geformte Pancakes legt, sollte eine spezielle Pancake-Pfanne oder eine Minipfanne verwenden, in der ihr die Pancakes einzeln zubereitet.) Die Pancakes pro Seite 2–3 Minuten goldbraun ausbacken. Zum Abtropfen auf einen mit Küchenpapier ausgelegten Teller geben und zum Warmhalten locker mit Alufolie abdecken, während ihr den übrigen Teig verarbeitet.

Zum Servieren nach Belieben mit frischen Beeren garnieren und großzügig mit Ahornsirup beträufeln.

BLOSSOM MAPLE

CHERYLS ERDBEER-VANILLE-SHAKE

FÜR 2 PORTIONEN

ZUTATEN

200 g frische Erdbeeren
2 Kugeln Vanilleeis
400 ml Milch
100 g Sahne
1 TL Zucker

Außerdem
2 Milchshake-Gläser (à 300 ml Fassungsvermögen)

ZUBEREITUNG

Die Erdbeeren waschen und trocken tupfen. Zwei besonders schöne Erdbeeren als Garnitur beiseitelegen. Bei den übrigen Erdbeeren mit einem kleinen, scharfen Messer vorsichtig die Strünke entfernen, dann vierteln und in einen hohen Rührbecher oder Standmixer geben.

Das Vanilleeis und die Milch hinzufügen und das Ganze möglichst fein pürieren. Bis zum Gebrauch im Kühlschrank kaltstellen.

In einem Rührbecher mit einem Handrührgerät die Sahne und den Zucker so lange schlagen, bis sich steife Spitzen bilden.

Den Erdbeer-Milchshake auf die beiden Gläser verteilen und jeweils mit einem großzügigen Klacks Schlagsahne krönen. Jeden Shake mit einer der beiseitegelegten Erdbeeren garnieren und sofort servieren.

CHOCK'LIT-BROWNIES

FÜR CA. 20 BROWNIES

ZUTATEN

200 g Butter, plus etwas mehr für die Form

200 g Schokolade

3 Eier (Größe M)

175 g Zucker

200 g Mehl (Type 405)

50 g geraspelte Schokolade (nach Belieben)

Karamellsauce zum Garnieren

gehackte Walnusskerne zum Garnieren

Außerdem
Auflaufform
(ca. 20 x 25 cm)

ZUBEREITUNG

Den Backofen auf 180 °C (Ober-/Unterhitze) vorheizen. Die Auflaufform mit etwas Butter einfetten und mit Backpapier auslegen.

Die Schokolade grob hacken und die Butter in Würfel schneiden. Butter bei niedriger Hitze in einem kleinen Topf schmelzen und die gehackte Schokolade hinzufügen. So lange rühren, bis die Schokolade vollständig geschmolzen ist und sich komplett mit der Butter verbunden hat. Dann vom Herd nehmen und abkühlen lassen.

Währenddessen mit einem elektrischen Handrührgerät die Eier schaumig aufschlagen. Unter stetem Schlagen nach und nach den Zucker einrieseln lassen. Durcharbeiten, bis eine feste, mousseartige Creme entsteht. Nun die geschmolzene Schokolade unterrühren.

Das Mehl über die Schokocreme sieben und mit einem Löffel oder dem Knethaken-Aufsatz eines Rührgeräts einarbeiten. Den Teig gleichmäßig in die vorbereitete Form geben und die Oberseite glatt streichen. Mit einer dünnen Schicht Schokoraspeln bestreuen.

Im heißen Ofen (Mitte) ca. 25 Minuten backen bzw. so lange, bis an einem Zahnstocher, den man in die Mitte des Kuchens pikt, beim Herausziehen kein Teig mehr kleben bleibt. Dann aus dem Ofen nehmen und in der Form vollständig abkühlen lassen.

Den abgekühlten Kuchen schließlich behutsam auf ein Schneidebrett stürzen und mit einem großen, scharfen Messer waagerecht mittig halbieren, dann in längliche Stücke schneiden. Zum Servieren nach Belieben mit Karamellsauce beträufeln und mit grob gehackten Walnüssen bestreuen.

In einem luftdicht verschließbaren Behältnis im Kühlschrank gelagert, sind die Brownies 1 Woche haltbar.

JEDE MENGE DONUTS!

FÜR CA. 12–15 DONUTS

ZUTATEN

500 g Mehl (Type 405)
1 Pck. Trockenhefe
200 ml lauwarme Milch
80 g Zucker
1 TL Vanilleextrakt
90 g weiche Butter
1 zimmerwarmes Ei
1 zimmerwarmes Eigelb
Salz
2–3 l Öl zum Frittieren
200 g Zartbitter-Kuvertüre
200 g weiße Kuvertüre
rote Lebensmittelfarbe
bunte Streusel zum Dekorieren
Schokoraspel zum Dekorieren

Außerdem
Donut-Ausstecher (Ø ca. 9 cm; alternativ ein Wasser- und ein Schnapsglas)

ZUBEREITUNG

In einer großen Schüssel das Mehl mit der Trockenhefe vermischen.

Milch, Zucker, Vanilleextrakt, Butter, Ei und Eigelb mit 1 kräftigen Prise Salz zum Mehl geben und das Ganze mindestens 10 Minuten zu einem weichen, geschmeidigen Teig verkneten. Die Schüssel dann mit einem sauberen Geschirrtuch abdecken und an einem warmen Ort ca. 1 Stunde gehen lassen bzw. so lange, bis der Teig sein Volumen verdoppelt hat.

Den Teig auf einer leicht bemehlten Arbeitsfläche ca. 1 cm dick ausrollen. Mit einem Donut-Ausstecher oder einem entsprechend großen Wasserglas Teigkreise daraus ausstechen.

Die Teigscheiben mit genügend Abstand zueinander auf ein Stück Backpapier geben, mit einem sauberen Geschirrtuch abdecken und 20 Minuten ruhen lassen.

In der Zwischenzeit das Frittieröl in einem großen Topf auf 170 °C erhitzen. Das Öl ist heiß genug, wenn von einem hölzernen Koch-löffelstiel, den man in den Topf taucht, kleine Bläschen aufsteigen. Dann jeweils 2–3 Donuts in das heiße Öl geben und von jeder Seite ca. 2 Minuten goldbraun ausbacken. Mit einer Schaumkelle vorsichtig herausnehmen und auf einem mit Küchenpapier ausgelegten Teller abtropfen lassen.

Auf der nächsten Seite geht's weiter →

CROSS POLICE LINE DO NOT CROSS

So geht's weiter

Während die Donuts ein wenig abkühlen, die beiden Kuvertüren hacken und in zwei separate Schüsseln geben. Über einem Wasserbad (oder vorsichtig in der Mikrowelle) schmelzen. Etwas von der geschmolzenen weißen Schokolade abnehmen und in einer kleinen Schüssel mit der Lebensmittelfarbe vermischen. Die Donuts dann waagerecht jeweils zur Hälfte in die gewünschte geschmolzene Kuvertüre tauchen, abtropfen lassen und mit der unglasierten Seite nach unten auf einen mit Küchenpapier ausgelegten Teller geben.

Die Donuts nun nach Belieben mit den verschiedenen Kuvertüren und Garnituren dekorieren, solange die Glasur noch warm, feucht und klebrig ist. Vor dem Servieren einige Minuten trocknen lassen.

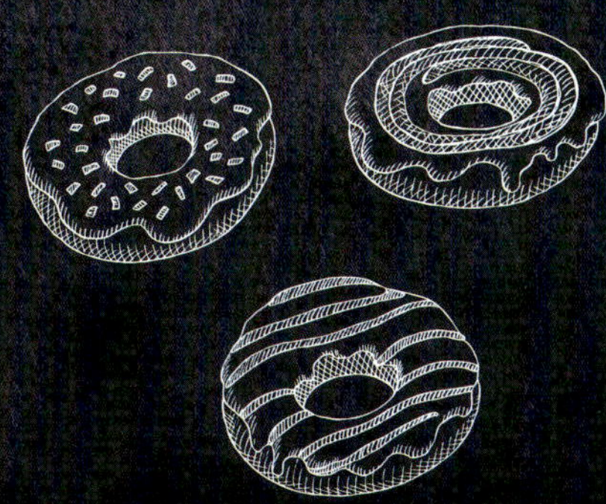

MRS. COOPERS QUICHE

FÜR 4 PORTIONEN

ZUTATEN

Für den Mürbeteig

250 g Mehl (Type 405), plus etwas mehr zum Arbeiten

1 Ei (Größe M)

160 g eiskalte Butter, plus etwas mehr für die Form

Salz

Für die Füllung

1 Schalotte

½ Stange Lauch

etwas Butter

100 g Schinkenwürfel

4 Eier (Größe M)

250 g Sahne

Pfeffer

Für den Belag

½ rote Zwiebel

100 g geriebener Käse

100 g Schinkenheu (sehr fein geschnittene Räucherschinken-Streifen)

Außerdem

Quiche-Form (Ø 28 cm)

ZUBEREITUNG

Um den Mürbeteig zuzubereiten, das Mehl auf die Arbeitsfläche häufen, eine Mulde in die Mitte drücken und das Ei hineingeben. Die eiskalte Butter mit einer Küchenreibe in die Mulde reiben und 1 Prise Salz hinzufügen. Alles mit den Händen zügig zu einem geschmeidigen Teig verkneten. Fest in Frischhaltefolie wickeln und für 30 Minuten in den Kühlschrank geben.

Den Backofen auf 180 °C (Ober-/Unterhitze) vorheizen und die Quiche-Form fetten.

Für die Füllung die Schalotte schälen und fein hacken. Den Lauch waschen, putzen und in feine Ringe schneiden. In einer Pfanne bei mittlerer Hitze etwas Butter schmelzen und die Schinkenwürfel darin scharf anbraten. Die Schalotten und den Lauch dazugeben und 3–4 Minuten andünsten.

Währenddessen den Mürbeteig mit einem Nudelholz auf der leicht bemehlten Arbeitsfläche dünn ausrollen. Den Teig in die Quiche-Form geben und am Boden und den Seiten fest andrücken.

Die Zwiebel schälen und in Streifen schneiden.

Den Inhalt der Pfanne zusammen mit Eiern, Sahne und 1 Prise Pfeffer in eine große Schüssel geben und alles sorgsam miteinander verrühren, dann gleichmäßig in der Form verteilen. Großzügig mit Käse, Zwiebeln und Schinkenheu bestreuen. 30 Minuten im heißen Ofen (Mitte) backen. Die Quiche dann herausnehmen und 10 Minuten abkühlen lassen. Anschließend aus der Form lösen und mit einem großen, scharfen Messer wie einen Kuchen aufschneiden. Sofort servieren.

ANDREWS
CONSTRUCTION CO.

HAUSGEMACHTER ORANGENSAFT

FÜR CA. 1 L

ZUTATEN

5 Orangen
1 Zitrone
2 EL Honig
250 g feiner Zucker

Außerdem
verschließbare Glasflasche (1 l Fassungsvermögen)

ZUBEREITUNG

Orangen und Zitrone halbieren, sorgsam auspressen und den Saft in einen großen Topf geben. Den Honig einrühren und bei niedriger Hitze unter gelegentlichem Rühren erwärmen.

Gleichzeitig in einem separaten Topf 750 ml Wasser mit Zucker vermischen und unter regelmäßigem Rühren bei mittlerer Hitze zum Köcheln bringen. Sobald sich der Zucker vollständig aufgelöst hat, vom Herd nehmen, das Zuckerwasser in den Topf mit dem Saft geben und das Ganze 5 Minuten unter stetem Rühren köcheln lassen.

Vom Herd nehmen und 30 Minuten abkühlen lassen. In eine heiß ausgespülte, verschließbare Glasflasche füllen und 2–3 Stunden kaltstellen. Vor dem Verwenden einmal gut durchschütteln.

MR. ANDREWS' TOMATENSALAT

FÜR 3 PORTIONEN

ZUTATEN

30 g getrocknete Tomaten

20 g Pinienkerne

300 g Strauchtomaten

100 g rote und gelbe Kirschtomaten

1 rote Zwiebel

frischer Schnittlauch (nach Belieben)

2 EL Weißweinessig

Salz

Pfeffer

Zucker

4 EL Olivenöl

ZUBEREITUNG

In einem kleinen Topf Wasser zum Kochen bringen. Die getrockneten Tomaten hineingeben und 4 Minuten kochen. Dann abgießen und 4 EL des tomatisierten Kochwassers auffangen. Die Tomaten gut abtropfen lassen.

Auf mittlerer Hitze eine Pfanne erwärmen und die Pinienkerne darin ohne Fett 2–3 Minuten anrösten; dabei darauf achten, dass sie nicht zu dunkel werden. Aus der Pfanne in eine kleine Schüssel geben und abkühlen lassen.

Die Strauchtomaten waschen, den Strunk entfernen und die Tomaten in dünne Scheiben oder schmale Keile schneiden. Die Kirschtomaten waschen und halbieren. Die rote Zwiebel schälen, halbieren und in feine Streifen schneiden. Die getrockneten Tomaten grob hacken. Alles in eine große Schüssel geben.

Den Schnittlauch waschen, trocken schütteln und fein hacken. Den Weißweinessig in einer kleinen Schüssel mit dem aufgefangenen Kochwasser verrühren und nach Belieben mit Salz, Pfeffer und Zucker abschmecken. Das Olivenöl unterschlagen. Den fein gehackten Schnittlauch unterrühren. Das Dressing über die Tomaten gießen und alles behutsam so durcheinanderwerfen, dass die Tomaten ringsum mit Würze überzogen sind.

Auf Schüsseln verteilen, mit gerösteten Pinienkernen bestreuen und zeitnah servieren.

VOTE
FRED
ANDREWS
MAYOR

JUGHEADS GEBURTSTAGSKUCHEN

FÜR 1 KUCHEN
(CA. 8 PORTIONEN)

ZUTATEN

Für den Teig
6 Eier (Größe M)
200 g Zucker
125 g Mehl (Type 405)
100 g Speisestärke
1 TL Backpulver
1 EL Milch
1 TL Sesam

Für die Buttercreme
300 g zimmerwarme Butter
300 g Puderzucker
Mark von 1 Vanilleschote

Für die Dekoration
250 g Fondant
rote, grüne und gelbe Gel-Lebensmittelfarbe

Außerdem
Springform (Ø 26 cm)
Geburtstagskerzen

ZUBEREITUNG

Die Springform mit Backpapier auslegen. Den Backofen auf 175 °C (Umluft) vorheizen.

Die Eier trennen. Das Eiweiß in einen Rührbecher geben und mit dem Handrührgerät so lange schlagen, bis sich steife Spitzen bilden. Nach und nach den Zucker einrieseln lassen und zu einer glänzenden Masse verrühren. Dann das Eigelb einarbeiten.

In einer separaten Schüssel Mehl mit Speisestärke und Backpulver mischen und über die Eimasse sieben. Vorsichtig unterheben.

Die Biskuitmasse gleichmäßig in die Springform füllen und glatt streichen. Im heißen Backofen (Mitte) ca. 30 Minuten backen bzw. so lange, bis ein Zahnstocher, den man in die Mitte des Kuchens steckt, beim Herausziehen sauber bleibt. Dann aus dem Ofen nehmen, mit der Milch bestreichen und mit dem Sesam bestreuen, solange der Kuchen noch warm ist. In der Form vollständig abkühlen lassen.

Für die Buttercreme in einer Schüssel Butter, Puderzucker und Vanillemark mit dem Handrührgerät so lange schlagen, bis die Creme schön glänzt und recht hell ist.

Ist der Kuchen abgekühlt, vorsichtig aus der Form lösen, das Backpapier entfernen und mit einem großen Brotmesser waagerecht halbieren. Die untere Kuchenhälfte gleichmäßig mit der Buttercreme bestreichen, dann die obere Hälfte darauflegen und leicht andrücken, sodass etwas von der Creme hervorquillt.

Den Fondant in drei gleich große Portionen aufteilen. Jeweils mit den Händen weich kneten, einige Tropfen von einer der Lebensmittelfarben dazugeben und so lange durchkneten, bis der Fondant die Farbe angenommen hat. Aus dem Fondant Käsescheiben, Tomatenscheiben und Salatblätter formen und den Rand des Kuchens damit dekorieren. Mit Geburtstagskerzen bestücken und Jugheads Begeisterung für Burger mit dieser süßen Variante feiern!

JINGLE JANGLE

FÜR 1–2 PORTIONEN

ZUTATEN

5 EL Zucker

3 EL lebensmittel-taugliche Zitronensäure

2 EL Kaisernatron

1 Pck. Vanillezucker

1 Pck. Orangen- oder Zitronenzucker

3 EL Götterspeisepulver (Farbe und Geschmack nach Belieben)

ZUBEREITUNG

Alle Zutaten in eine Schlüssel geben und mit einem Löffel sorgsam durchrühren. 5 Minuten trocknen lassen. Nochmals durchrühren und bis zur Verwendung in ein luftdicht verschließbares Behältnis geben. So ist das Jingle Jangle praktisch unbegrenzt haltbar.

TIPP

Ihr könnt euch das Jingle Jangle entweder pur reinpfeifen (hierzu einfach stilecht durch einen dicken, bunten Strohhalm auf eure Zunge streuen), Limonade damit machen (jeweils 1 EL Jingle Jangle in ein Glas geben und mit Mineralwasser aufgießen) oder es zur Garnitur von Gläsern verwenden (ähnlich wie beim Cheryl Blossom, siehe S. 134).

VERONICAS LIEBLINGSMACARONS

FÜR CA. 24 STÜCK

ZUTATEN

Für die Macarons
90 g geschälte, gemahlene Mandeln

150 g Puderzucker

72 g zimmerwarmes Eiweiß

Salz

20 g Zucker

Lebensmittelfarbe (Paste; Farbe nach Belieben)

Für die Ganache
200 g weiße Schokolade

100 g Sahne

fettlösliche Lebensmittelfarbe (Farbe nach Belieben)

Außerdem
Spritzbeutel mit großer Lochtülle

ZUBEREITUNG

Ein Backblech mit Backpapier auslegen.

Die Mandeln und den Puderzucker in einen Standmixer geben und fein mahlen. Anschließend mindestens zweimal sorgsam in eine Schüssel sieben.

In einer separaten Schüssel das Eiweiß mit 1 Prise Salz mit einem elektrischen Handrührgerät fast steif schlagen. Dann weiter schlagen und dabei nach und nach den Zucker einrieseln lassen, bis der Eischnee beim Rausziehen der Rührstäbe steife Spitzen bildet. Nun mit der Lebensmittelfarbe eurer Wahl einfärben und kurz weiter schlagen. Anschließend in drei Durchgängen die Mandelmischung unter das Eiweiß heben und so lange durcharbeiten, bis eine homogene, zähflüssige Masse entsteht, die nicht zu flüssig, aber auch nicht zu fest ist.

Die Macaron-Masse in einen Spritzbeutel mit großer Lochtülle füllen und ca. 2-Euro-Münzen-große Kleckse auf das Backblech spritzen. Danach für 30 Minuten ruhen lassen, damit sich auf den Macarons eine leichte Haut bildet. Währenddessen den Backofen auf 150 °C (Ober-/Unterhitze) vorheizen.

Das Blech mit den Macarons in den heißen Ofen (Mitte) schieben, die Temperatur auf 140 °C reduzieren und 12–15 Minuten backen, bis sich an den Macarons kleine „Füßchen“ bilden.

Auf der nächsten Seite geht's weiter →

So geht's weiter

Die Macaron-Schalen aus dem Ofen nehmen, mit dem Backpapier vorsichtig vom Blech auf eine kalte Arbeitsfläche ziehen und dort vollständig abkühlen lassen; so kann man die Macarons später leichter vom Papier lösen.

In der Zwischenzeit die Ganache zubereiten. Hierzu die weiße Schokolade hacken und in eine Schüssel geben.

Die Sahne in einem kleinen Topf kurz zum Kochen bringen und über die Schokolade gießen. Einige Minuten stehen lassen, dann gut verrühren, bis die Schokolade vollständig geschmolzen ist und keine Klümpchen mehr zu sehen sind. 30 Minuten kaltstellen.

Die abgekühlte Ganache mit einem elektrischen Handrührgerät aufschlagen, bis die Konsistenz fester und die Farbe heller ist. Nach Belieben mit fettlöslicher Lebensmittelfarbe einfärben und in einen Spritzbeutel füllen.

Die Macaron-Schalen vorsichtig vom Backpapier lösen und passende, gleich große Paare heraussuchen. Auf die glatte Seite der Hälfte der Macaron-Schalen gleichmäßig etwas Ganache spritzen, jeweils die zweite Schale mit der glatten Seite nach unten aufsetzen und behutsam andrücken. Vor dem Verzehr 15 Minuten trocknen lassen.

Möglichst kühl und in einem luftdicht verschließbaren Behältnis lagern. Zeitnah genießen.

ESPRESSO MARTINI

FÜR 1 DRINK

ZUTATEN

Eiswürfel

3 cl frisch gebrühter Espresso

3 cl Wodka

3 cl Kaffeelikör

3–4 Mokkabohnen zum Garnieren

Außerdem

Cocktailshaker

1 Martini-Glas

ZUBEREITUNG

Einen Cocktailshaker zu ⅔ mit Eiswürfeln füllen.

Espresso, Wodka und Kaffeelikör über die Eiswürfel gießen, den Shaker fest verschließen und 10 Sekunden kräftig schütteln.

Den Espresso Martini durch ein feines Sieb langsam in ein Martini-Glas gießen und die Schaumkrone, die dabei entsteht, mit den Mokkabohnen garnieren. Sofort servieren.

FEINES NEW YORKER HUMMERSÜPPCHEN

FÜR 4 PORTIONEN

ZUTATEN

500 g TK-Hummer
2 Schalotten
1 Knoblauchzehe
1 Möhre
1 Stange Lauch
1 Fenchelknolle
2 Stangen Staudensellerie
4 Tomaten
1 EL Olivenöl
1 EL Tomatenmark
100 ml Wermut (z. B. Noilly Prat)
50 ml Cognac
1 Lorbeerblatt
5 Safranfäden
250 g Sahne
Salz, Pfeffer
2 EL Butter
etwas Fenchelgrün zum Garnieren

ZUBEREITUNG

Sobald der Hummer nach Packungsanweisung aufgetaut ist, das Fleisch aus den Scheren und dem Schwanz auslösen (sofern es sich um einen ganzen Hummer handelt). Die Schalen sorgsam abspülen und gut abtrocknen. Das Hummerfleisch bis zur Verwendung in den Kühlschrank geben.

Schalotten, Knoblauch und Möhre schälen. Schalotten und Knoblauch fein würfeln, Möhre in Stücke schneiden. Lauch, Fenchel, Sellerie und Tomaten waschen. Den weißen Teil des Lauchs in feine Ringe schneiden, den grünen anderweitig verwenden. Sellerie in kleine, Fenchel und Tomaten in grobe Stücke schneiden.

Das Olivenöl bei mittlerer Hitze in einem großen Topf erwärmen. Die Hummerschalen hineingeben und mehrere Minuten kräftig anrösten. Das Gemüse (außer Tomaten) hinzufügen und für 2–3 Minuten mitrösten. Dann das Tomatenmark dazugeben, unterrühren und das Ganze mit dem Wermut ablöschen. Unter gelegentlichem Rühren unabgedeckt köcheln lassen, bis der Wermut merklich eingekocht ist.

Jetzt geht's ans Flambieren. Hierzu den Topf vom Herd nehmen, irgendwo hinstellen, wo genügend »Luft« nach oben ist, sodass ihr nicht versehentlich eure Küche abfackelt. Den Cognac obenauf geben und mit einem langen Streichholz entzünden. (Sollte euch das zu riskant sein, könnt ihr auf das Flambieren aber auch verzichten).

Auf der nächsten Seite geht's weiter →

Lobster

So geht's weiter

Warten, bis die Flammen vollends erloschen sind. Den Topf dann wieder zurück auf den Herd stellen.

Jetzt die Tomatenstücke einrühren. Lorbeerblatt und Safran hinzufügen und mit 1,2 l Wasser aufgießen. Die Hitze auf niedrig reduzieren und unter gelegentlichem Rühren mit Deckel 45 Minuten sanft köcheln lassen.

Die Hummersuppe durch ein Küchentuch oder ein Sieb in einen sauberen Topf gießen; die Reste entsorgen. Die Sahne in die Suppe einrühren und mit Salz und Pfeffer würzen. Vorsichtig mit einem Pürierstab aufschäumen.

In einer Pfanne die Butter schmelzen und das Hummerfleisch leicht darin erwärmen. Den Hummer dann auf vier tiefe Teller verteilen, mit der Suppe aufgießen und, mit etwas frischem Fenchelgrün garniert, servieren.

TIPP

Wer möchte, kann den Alkohol bei diesem Rezept natürlich auch problemlos weglassen.

VERONICAS ORANGENSALAT

FÜR 4 PORTIONEN

ZUTATEN

100 g Zucker
1 TL gemahlener Zimt
100 g ungeschälte Mandeln
4 Orangen
1 EL Zitronensaft
3 EL Orangenlikör
2 EL Puderzucker
150 g Sahne

ZUBEREITUNG

Den Zucker mit 2 EL Wasser und dem Zimt in eine große Pfanne geben und bei mittlerer Hitze unter regelmäßigem Rühren erwärmen, bis der Zucker vollständig geschmolzen ist (3–4 Minuten). Die Mandeln dazugeben und unter stetem Rühren ringsum karamellisieren. Auf einem Stück Backpapier so verteilen, dass die Mandeln nicht zusammenkleben. 15 Minuten auskühlen lassen. Dann auf ein Schneidebrett geben und grob hacken.

Die Orangen schälen, dabei darauf achten, die weiße Haut vollständig zu entfernen. Mit einem scharfen Messer vorsichtig die Orangenfilets auslösen und den dabei austretenden Saft auffangen. Die Orangenreste entsaften.

Den Orangensaft zusammen mit dem Zitronensaft und dem Orangenlikör in einem kleinen Topf erwärmen. Die Orangenfilets und den Puderzucker dazugeben und die Orangenfilets 5 Minuten sanft köcheln lassen. Dann den Orangensalat samt Sud gleichmäßig auf vier Serviergläser verteilen.

Mit einem elektrischen Handrührgerät die Sahne steif schlagen, nach Belieben auf den Orangen verteilen und mit den gehackten Mandeln bestreuen. Sofort servieren.

the river
BIG BLIND

BEAN & BELUGA CROISSANTS

FÜR 10 CROISSANTS

ZUTATEN

500 g TK-Blätterteig
200 g Marzipan-Rohmasse
1 Ei (Größe M)
200 g Zartbitter-Kuvertüre
150 g Mandelkrokant
etwas Mehl für die Arbeitsfläche

ZUBEREITUNG

Den TK-Blätterteig nach Packungsanweisung auftauen.

Den Backofen auf 190 °C (Ober-/Unterhitze) vorheizen. Ein Backblech mit Backpapier auslegen.

Die Marzipan-Rohmasse mit den Händen verkneten, bis das Marzipan gut formbar ist, und zu zehn gleich großen Kugeln formen.

Den Blätterteig auf einer leicht bemehlten Arbeitsfläche zu einem Rechteck (ca. 60 x 20 cm) ausrollen. Den Teig in fünf kleinere Rechtecke von jeweils ca. 12 cm Breite schneiden. Jedes dieser Rechtecke nochmals diagonal teilen, sodass ihr schließlich zehn rechtwinklige Dreiecke habt.

Auf das längere Stück jedes Dreiecks eine Kugel Marzipan legen. Dann vom breiten Ende zur Spitze hin zu einem Croissant aufrollen. Die fertig gerollten Croissants mit der „Spitze“ nach unten mit etwas Abstand zueinander auf das vorbereitete Backblech legen.

In einer kleinen Schüssel das Ei verquirlen und damit die Oberseiten und die Seiten der Croissants bestreichen. Dann für ca. 20 Minuten im heißen Ofen (Mitte) backen. Anschließend herausnehmen und auf dem Blech vollständig auskühlen lassen.

Unterdessen die Kuvertüre grob hacken und über einem Wasserbad schmelzen. Alternativ könnt ihr auch die Mikrowelle benutzen. Hierfür die Kuvertüre in eine mikrowellengeeignete Schale geben, jeweils für 5–10 Sekunden in der Mikrowelle erwärmen, sorgsam durchrühren und dann erneut in die Mikrowelle geben, bis sich die Schokolade vollständig verflüssigt hat.

Die Oberseiten der abgekühlten Croissants großzügig mit der Schokolade bestreichen und mit Mandelkrokant bestreuen. Vor dem Servieren einige Minuten trocknen lassen.

Pop's

MAC & CHEESE SANDWICH

FÜR 2 PORTIONEN

ZUTATEN

Salz

100 g kurze Makkaroni

30 g Butter, plus etwas mehr zum Einfetten

1 EL Mehl (Type 405)

100 g geriebener Emmentaler

frisch gemahlener schwarzer Pfeffer

4 Scheiben Cheddar

4 Scheiben Toast

Außerdem
Kontaktgrill

ZUBEREITUNG

In einem Topf bei mittlerer Hitze 1 l kräftig gesalzenes Wasser zum Kochen bringen. Die Makkaroni hineingeben und unter gelegentlichem Rühren ca. 7 Minuten garen bzw. so lange, bis die Nudeln gar sind. Durch ein Sieb abgießen.

In einem separaten Topf bei mittlerer Hitze die Butter schmelzen. Rasch das Mehl hinzufügen und kräftig einrühren. Die Makkaroni unter die Mehlschwitze heben, dann zügig den geriebenen Käse unterrühren. Mit Salz und Pfeffer würzen, alles gut verrühren und den Topf vom Herd nehmen.

Jeweils 1 Scheibe Cheddar auf 2 Toastscheiben legen und die Käsemakkaroni gleichmäßig darauf verteilen. Jeweils mit 1 Scheibe Cheddar krönen und eine Toastscheibe drauflegen. Leicht andrücken.

Den Kontaktgrill nach Geräteanleitung vorheizen und mit etwas Butter einfetten.

Sobald der Kontaktgrill die nötige Temperatur erreicht hat, die Sandwiches hineinlegen und 3–4 Minuten grillen, bis der Toast knusprig und der Käse schön geschmolzen ist. Alternativ die Sandwiches auf ein mit Backpapier ausgelegtes Backblech geben und 4–5 Minuten unmittelbar unter dem Backofengrill grillen.

Die fertigen Sandwiches auf ein Schneidebrett geben und mit einem großen Messer quer halbieren. Jeweils zwei Hälften auf einen Teller geben und sofort servieren.

POP'S BERÜHMTE ZWIEBELRINGE

FÜR 2 PORTIONEN

ZUTATEN

3 große Zwiebeln
1 Ei (Größe M)
50 g Mehl (Type 405)
Salz
Pfeffer
rosenscharfes Paprikapulver
50 g Semmelbrösel
Frittieröl
Sour Cream oder Knoblauchsauce zum Servieren

ZUBEREITUNG

Die Zwiebeln schälen und mit einem großen, scharfen Messer in ca. 5 mm dicke Ringe schneiden. Die Zwiebeln behutsam aufbrechen, um viele schöne, einzelne Ringe zu bekommen.

Das Ei in einen tiefen Teller aufschlagen und mit einer Gabel oder einem Schneebesen verquirlen.

Das Mehl, je 1 Prise Salz, Pfeffer und Paprikapulver auf einen separaten Teller geben und gut miteinander verrühren. Die Semmelbrösel auf einen dritten Teller geben.

Die Zwiebelringe einzeln ringsum zuerst in der Mehl-Gewürz-Mischung, dann im Ei und schließlich in den Semmelbröseln wälzen. Die Panade leicht andrücken. Die fertig panierten Zwiebelringe auf einen flachen Teller geben.

Während ihr die übrigen Zwiebelringe paniert, in einem ausreichend großen Topf das Frittieröl auf 180 °C erhitzen. Das Öl ist heiß genug, wenn von einem hölzernen Kochlöffelstiel, den man in den Topf taucht, kleine Bläschen aufsteigen. Die Zwiebelringe in mehreren Portionen mit einem Schaumlöffel aus Metall behutsam in den Topf geben und goldbraun ausbacken (ca. 3–4 Minuten). Vorsicht: Die Zwiebelringe werden schnell dunkel!

Die frittierten Zwiebelringe zum Abtropfen auf einen mit Küchenpapier ausgelegten Teller geben und zum Warmhalten locker mit Alufolie abdecken, während ihr die übrigen Ringe zubereitet.

Direkt mit etwas Sour Cream oder Knoblauchsauce servieren.

SOUTHSIDE FIZZ

FÜR 1 DRINK

ZUTATEN

1 Zweig frische Minze, plus etwas mehr zum Garnieren

Eiswürfel

6 cl Gin

3 cl Limettensaft

2 cl Zuckersirup

Außerdem
Cocktailshaker

ZUBEREITUNG

Minze waschen, trocken schütteln und in einen Cocktailshaker geben. Mit einem Holzstößel oder der Rückseite eines Löffels etwas zerdrücken und zerreiben, damit die Minze ihre ätherischen Öle freisetzt.

Einige Eiswürfel, Gin, Limettensaft und Zuckersirup mit in den Shaker geben, verschließen und 20 Sekunden kräftig schütteln.

Ein paar Eiswürfel in ein hohes Glas geben und den Drink darüberseihen. Mit etwas Minze garnieren und sofort servieren.

BAR

BULLDOG-SMOOTHIE

FÜR 4 PORTIONEN

ZUTATEN

4 reife Kiwis

1 Banane

2 EL Limettensaft

400 ml kalter Apfelsaft

Außerdem

4 kurze Holzspieße

ZUBEREITUNG

Die Kiwis halbieren und von der Schale befreien. Eine der geschälten Kiwis in Scheiben schneiden und diese gleichmäßig auf vier Holzspieße stecken. Die übrigen Kiwis grob würfeln.

Die Banane schälen und grob würfeln.

Die Kiwi- und Bananenwürfel in einen großen Rührbecher geben und mit einem Stabmixer sehr fein pürieren. Limetten- und Apfelsaft hinzufügen und nochmals kurz durchrühren.

Auf vier Gläser aufteilen, mit Kiwi-Spießen garnieren und servieren.

MISS GRUNDYS PICKNICK-SANDWICH

FÜR 3 PORTIONEN

ZUTATEN

½ Romanasalat

3 Tomaten

2 EL Butter

250 g Frühstücksspeck (in Scheiben)

9 Scheiben Toastbrot

150 g Remoulade (Fertigprodukt)

Salz

Pfeffer

3 Paprika-Oliven (Glas)

Außerdem
lange Snack-Bambusspieße

ZUBEREITUNG

Die Blätter des Romanasalats abzupfen, waschen, trocken schleudern und mit etwas Küchenpapier trocken tupfen. Die Tomaten waschen, den Strunk entfernen und die Tomaten in Scheiben schneiden.

In einer Pfanne bei hoher Hitze die Butter schmelzen. Die Speckstreifen hineingeben und ringsum für 2–3 Minuten knusprig anbraten. Anschließend zum Abtropfen auf einen mit Küchenpapier ausgelegten Teller legen.

Das Brot toasten. 3 Toastscheiben gleichmäßig mit Remoulade bestreichen. Jeweils 1 Salatblatt, 1 Tomatenscheibe und etwas gebratenen Speck darauflegen, mit Salz und Pfeffer würzen und mit einem zweiten Toast krönen. Diesen wiederum mit Remoulade bestreichen und wie zuvor großzügig mit Salat, Tomate und Speck belegen. Jeweils mit einer dritten Toastscheibe abschließen.

Die Paprika-Oliven oben auf die Bambusspieße spießen und diese mittig so durch die Sandwiches stecken, dass sie die Brote zusammenhalten. Zeitnah servieren.

HERZSCHMERZ-SALAT

FÜR 2–3 PORTIONEN

ZUTATEN

200 g gemischter Salat
3 Orangen
½ Bund Radieschen
1 rote Zwiebel
2 EL Weißweinessig
½ TL mittelscharfer Senf
3 EL Olivenöl
Salz
frisch gemahlener schwarzer Pfeffer
Mini-Mozzarellakugeln (nach Belieben)

ZUBEREITUNG

Den Salat putzen, waschen und trocken schleudern. In eine große Schüssel geben.

Die Orangen mit einem scharfen Messer wie einen Apfel schälen, alles Weiße wegschneiden und entlang der Innenhäute vorsichtig schöne Filets herausschneiden. Den Fruchtsaft auffangen. Die Orangenfilets waagerecht halbieren und zum Salat geben.

Die Radieschen waschen, putzen und in dünne Scheiben schneiden. Zum Salat geben.

Die Zwiebel schälen und fein hacken. In einer kleinen Schüssel den Essig mit Senf, Olivenöl und 3 EL des aufgefangenen Orangensafts verquirlen. Mit Salz und Pfeffer würzen. Zusammen mit den Zwiebeln in die Schüssel mit dem Salat geben und alles vermengen.

Den Orangen-Radieschen-Salat gleichmäßig auf die Servierschüsseln verteilen und jeweils mit einigen Mini-Mozzarellakugeln garnieren. Zeitnah genießen (vor allem bei Liebeskummer).

BREZEL-KARAMELL-POPCORN

FÜR CA. 8 PORTIONEN

ZUTATEN

Butter

2 EL Pflanzenöl

150 g Popcorn-Mais

250 g Karamell- oder Sahne-Karamell-Bonbons

etwas Sahne

gemahlener Zimt

30 g Rohrzucker

100 g Mini-Salzbrezeln

2 EL Meersalz

ZUBEREITUNG

Eine große Schüssel mit etwas Butter ausstreichen.

Das Pflanzenöl in einen großen Topf geben. Den Mais in den Topf geben, sodass der Boden vollständig davon bedeckt ist. Den Deckel aufsetzen und bei starker Hitze erwärmen. Sobald der Mais zu poppen beginnt, die Hitze auf mittel reduzieren und stehen lassen, bis alle Körner aufgepoppt sind. Popcorn in die Schüssel geben.

Den Backofen auf 120 °C (Ober-/Unterhitze) vorheizen. Zwei Backbleche mit Backpapier auslegen.

Die Karamellbonbons in einen Topf geben und bei mittlerer Hitze unter stetem Rühren schmelzen. Sobald sich das Karamell vollständig verflüssigt hat, ein bisschen Sahne dazugeben, damit das Ganze ein bisschen fließfähiger wird (aber nicht flüssig!). Die Sahne-Karamell-Mischung über das Popcorn gießen und alles sorgsam vermischen.

Etwas Butter in eine Pfanne geben und bei mittlerer Hitze schmelzen. 1 Prise Zimt und den Rohrzucker einrühren und die Mini-Salzbrezeln hinzufügen. Die Brezeln so lange auf dem Herd lassen, bis sich der Zucker vollständig verflüssigt hat und die Brezeln ringsum damit überzogen sind. Dann zum Popcorn geben, nach Belieben etwas Salz hinzufügen und alles gut vermischen.

Das Popcorn auf die vorbereiteten Backbleche verteilen und gleichmäßig mit dem Meersalz bestreuen. 30–40 Minuten im heißen Ofen (Mitte) backen, je nachdem, wie „karamellig“ euer Popcorn sein soll; dabei alle 15 Minuten einmal durchmischen. Das Popcorn ist fertig, sobald es kaum noch klebt.

Das Popcorn aus dem Ofen nehmen und auf den Blechen vollständig abkühlen lassen. Bis zum Verzehr in luftdicht verschließbaren Behältnissen aufbewahren. So ist das Brezel-Karamell-Popcorn mindestens 1 Woche haltbar. Nicht, dass es so lange „überleben“ würde ...

FRESH
POPCORN
Hot & Buttery

THE SOUTHSIDE SERPENTS' SHANDY

FÜR 1 DRINK

ZUTATEN

1 Bio-Zitrone

1 daumengroßes Stück frischer Ingwer

1–2 TL Zuckersirup (nach Belieben)

Eiswürfel

500 ml kaltes helles Bier

Außerdem

Cocktailshaker

großes Bierglas

ZUBEREITUNG

Die Zitrone heiß waschen und abtrocknen. Die Zitrone halbieren und 1 Scheibe als Garnitur abschneiden. Die Zitronenhälften entsaften. Den Ingwer schälen und sehr fein hacken.

Den Zitronensaft zusammen mit dem Ingwer, 1 Spritzer Zuckersirup und 1 Handvoll Eiswürfel in einen Shaker geben. Den Shaker verschließen, 20 Sekunden kräftig schütteln und in ein großes Bierglas gießen. Falls gewünscht, noch mehr Eis dazugeben.

Vorsichtig mit kaltem Bier auffüllen, mit der Zitronenscheibe garnieren und sofort servieren.

PIZZA GEHT IMMER!

FÜR 2 PIZZEN

ZUTATEN

1 Schalotte
1 Knoblauchzehe
1 EL Olivenöl
250 g Pizzatomaten
Aceto balsamico
Salz
Pfeffer
2 EL getrocknete italienische Kräuter
500 g Pizzateig (Fertigprodukt; Kühlregal)
1 grüne Paprika
100 g Mozzarella
schwarze Oliven (Glas)
100 g Peperonisalami (in Scheiben)

ZUBEREITUNG

Schalotte und Knoblauch schälen, die Schalotte fein hacken und den Knoblauch pressen. Olivenöl bei mittlerer Hitze in einem Topf erwärmen. Die Schalotte und den Knoblauch hinzugeben und anschwitzen. Die Pizzatomaten hinzugeben, kurz aufkochen und unter regelmäßigem Rühren 5 Minuten offen köcheln lassen. Mit einem Spritzer Essig, Salz, Pfeffer und den italienischen Kräutern würzen. Vom Herd nehmen und beiseitestellen.

Den fertigen Pizzateig in zwei gleich große Portionen aufteilen. Jeweils auf einer leicht mit Mehl bestreuten Arbeitsfläche zu einem möglichst dünnen Teig rund (Ø ca. 24 cm) ausrollen.

Den Backofen auf 200 °C (Ober-/Unterhitze) vorheizen. Zwei Pizzableche (oder ein Backblech) mit Backpapier auslegen.

Die Paprika halbieren, putzen, waschen und in feine Streifen schneiden. Den Mozzarella abtropfen lassen und in mundgerechte Stücke zupfen. Die Oliven in feine Ringe schneiden.

Die Pizzen auf die Bleche geben, gleichmäßig mit der Tomatensauce bestreichen und nach Belieben mit Peperonisalami, Paprikastreifen, Oliven und Mozzarella belegen. 11–13 Minuten im heißen Ofen (Mitte) backen, je nachdem, wie kross die Pizzen sein sollen. Anschließend sofort servieren.

MISS GRUNDYS HENKERSMAHLZEIT

FÜR 2 PORTIONEN

ZUTATEN

2 Eier (Größe M)

50 ml Milch

1 TL gemahlener Zimt

1 TL Zucker

4 dicke Scheiben Brioche

1 EL Butter

frische Heidel- und Brombeeren zum Garnieren

Puderzucker

ZUBEREITUNG

In einem tiefen Teller oder einer flachen Schüssel Eier, Milch, Zimt und Zucker verquirlen.

Die Brioche-Scheiben nacheinander so lange in die Eier-Milch-Mischung legen, bis sie sich ringsum vollständig damit vollgesogen haben; bei Bedarf nach einigen Minuten wenden. Herausnehmen, abtropfen lassen und auf einen flachen Teller geben, bis alle Scheiben fertig vorbereitet sind.

In einer großen Pfanne bei mittlerer Hitze die Butter schmelzen.

Die Brioche-Scheiben in der Pfanne von beiden Seiten goldbraun ausbacken (3–4 Minuten pro Seite); dabei möglichst nur einmal wenden. Sobald die French Toasts so fest sind, dass man sie problemlos aus der Pfanne nehmen kann, jeweils 2 Scheiben auf einen Teller geben, nach Belieben mit frischen Beeren garnieren und mit Puderzucker bestreuen. Sofort servieren.

KIRSCH-CUPCAKES

FÜR 12 CUPCAKES

ZUTATEN

150 g Margarine
150 g Zucker
1 Pck. Vanillezucker
4 Eier (Größe M)
170 g Mehl (Type 405)
30 g Backkakao
3 TL Backpulver
4 EL Milch
24 Kirschen (alternativ Cocktailkirschen)
250 g Sahne
1 Pck. Sahnesteif
geraspelte Schokolade zum Garnieren

Außerdem
12er-Muffinblech
12 Papier-Muffinförmchen

ZUBEREITUNG

Den Backofen auf 175 °C (Umluft) vorheizen. Das Muffinblech mit den Muffinförmchen bestücken.

Margarine, Zucker und Vanillezucker in eine Schüssel geben und mit dem Handrührgerät auf hoher Stufe cremig schlagen. Dann nach und nach Eier, Mehl, Kakao, Backpulver und Milch hinzufügen und nach jedem Zugeben gut durcharbeiten. Sobald alle Zutaten dazugegeben wurden, auf höchster Stufe 3 Minuten sorgsam durchmischen, bis ein geschmeidiger, fließfähiger Teig entsteht.

Die Kirschen waschen, bei der Hälfte den Stiel entfernen und die Kirschen entsteinen. Den Teig gleichmäßig auf die Muffinförmchen verteilen, jeweils behutsam eine entkernte Kirsche in jedem Muffin „versenken" und das Ganze für 10–12 Minuten im heißen Ofen (Mitte) backen bzw. so lange, bis an einem Zahnstocher, den man in die Mitte der Muffins steckt, beim Herausziehen nichts mehr kleben bleibt. Dann aus dem Ofen nehmen und in der Form vollständig auskühlen lassen. Schließlich aus der Form lösen.

Die Sahne in eine Rührschüssel geben und mit dem Handrührgerät steif schlagen; dabei nach und nach das Sahnesteif einrieseln lassen. Zum Servieren je einen großzügigen Klacks Schlagsahne auf jeden Cupcake geben, nach Belieben mit Schokoraspeln bestreuen und mit einer schönen, roten Kirsche krönen.

BULLDOGS LEMON & LIME-ENERGYDRINK

FÜR 2 PORTIONEN

ZUTATEN

50 g Traubenzucker
30 g Natron
Salz
250 ml Kokoswasser
60 ml frischer Limettensaft
60 ml frischer Zitronensaft
250 ml kaltes Mineralwasser

ZUBEREITUNG

Den Traubenzucker zusammen mit dem Natron und 1 Prise Salz mit etwas Kokoswasser in einen großen Rührbecher geben und so lange rühren, bis sich Zucker, Natron und Salz vollständig aufgelöst haben. Das übrige Kokoswasser hinzufügen.

Limetten- und Zitronensaft mit in den Rührbecher geben. Mit dem Mineralwasser aufgießen, gut durchrühren und gut gekühlt genießen.

CRISPY CHICKEN FINGERS

FÜR 2–3 PORTIONEN

ZUTATEN

4 Hähnchenbrustfilets
1 l Buttermilch
400 ml BBQ-Sauce (Fertigprodukt)
500 ml Milch
2 Eier (Größe M)
500 g Semmelbrösel
250 g Mehl (Type 405)
250 g Cornflakes
Salz
Pfeffer
Frittieröl
Sour Cream oder Knoblauchsauce zum Servieren

Außerdem
Gefrierbeutel (3 l Fassungsvermögen)

ZUBEREITUNG

Die Hähnchenbrustfilets trocken tupfen und mit einem großen, scharfen Messer in schmale, fingerlange Streifen schneiden. In einen Gefrierbeutel geben.

In einer Schüssel Buttermilch mit BBQ-Sauce verrühren und zu den Hähnchenstreifen in den Beutel geben. Alles gut durchmischen, sodass das Fleisch ringsum mit Marinade bedeckt ist. Für mindestens 8 Stunden, am besten aber über Nacht, kaltstellen.

Sobald das Fleisch fertig mariniert ist, in einer flachen Schüssel oder einem tiefen Teller Milch mit Eiern verquirlen. In einer anderen Schüssel Semmelbrösel, Mehl und fein zerbröselte Cornflakes mit je 1 TL Salz und Pfeffer vermischen.

Das Frittieröl in einen ausreichend großen Topf geben und auf 175 °C erhitzen. Das Öl ist heiß genug, wenn von einem hölzernen Kochlöffelstiel, den man in den Topf taucht, kleine Bläschen aufsteigen.

Die Hähnchenfinger aus der Buttermilchmischung nehmen und grob in einem Sieb abtropfen lassen. Dann einzeln erst durch die Milch-Ei-und dann durch die Mehl-Cornflakes-Mischung ziehen. Darauf achten, dass die Hähnchenfinger ringsum vollständig mit Panade bedeckt sind. Hierzu ggf. nochmals in der Milch-Ei-Mischung und in den Semmelbröseln wälzen. Die fertig panierten Hähnchenstreifen auf einen flachen Teller geben, bis alle Stücke paniert sind.

Einige Chicken Fingers auf einmal mit einem Schaumlöffel aus Metall vorsichtig ins heiße Öl geben und ringsum goldbraun ausbacken (ca. 10 Minuten). Herausnehmen und zum Abtropfen auf einen mit Küchenpapier ausgelegten Teller geben. Zum Warmhalten locker mit Alufolie abdecken, bis alle Hähnchenfinger frittiert sind.

Nach Belieben mit Pop's Steakhouse-Pommes (S. 104), American Coleslaw (S. 74) und Sour Cream oder Knoblauchsauce servieren.

STYLE
Hand made

AMERICAN COLESLAW

FÜR 7–8 PORTIONEN

ZUTATEN

250 g Rotkohl
350 g Weißkohl
200 g Möhren
Salz
1 Apfel
1 Dose Mexiko-Mix (280 g Abtropfgewicht)
150 ml Buttermilch
150 g Mayonnaise
1 EL Apfelessig
1 EL Honig
1 EL Senf
Pfeffer

ZUBEREITUNG

Rot- und Weißkohl waschen und abtropfen lassen. Die Möhren schälen. Kohl und Möhren in gleichmäßige, schmale Streifen schneiden und in eine große, verschließbare Schüssel geben. Kräftig salzen, den Deckel aufsetzen und für einige Stunden in den Kühlschrank stellen. Dabei gilt: Je länger das Gemüse ruht, desto weicher wird es.

In der Zwischenzeit den Apfel waschen, das Kerngehäuse entfernen und den Apfel dann in Stifte schneiden. Mit dem Mexiko-Mix zum Kohl und den Möhren in die Schüssel geben und alles gut vermischen.

In einer kleinen Schüssel Buttermilch, Mayonnaise, Apfelessig, Honig und Senf verrühren und zum Salat geben. Alles gründlich vermischen, sodass das Gemüse ringsum mit dem Dressing überzogen ist. Kräftig mit Pfeffer würzen und den Coleslaw erneut für einige Stunden im Kühlschrank ziehen lassen, am besten über Nacht.

Vor dem Servieren nochmals gut durchmischen und ggf. durch ein Sieb abtropfen lassen, falls der Salat zu wässrig ist.

Im Kühlschrank gelagert, ist der Coleslaw bis zu 3 Tage haltbar.

COSMOPOLITAN

FÜR 1 DRINK

ZUTATEN

2 cl Cranberrysaft

3 cl Wodka

1 cl Cointreau

1 cl Limettensaft

Eiswürfel

etwas Bio-Limetten-schale

1 Limettenscheibe

Außerdem

Cocktailshaker

Martini-Glas

ZUBEREITUNG

Das Martini-Glas 10 Minuten vor dem Servieren ins Gefrierfach geben und kurz anfrosten lassen.

Cranberrysaft, Wodka, Cointreau und Limettensaft zusammen mit einigen Eiswürfeln in einen Cocktailshaker geben, diesen verschließen und 15 Sekunden lang kräftig schütteln.

Das Martini-Glas aus dem Gefrierfach nehmen und den Rand des Glases ringsum mit Limettenschale abreiben.

Den Cosmopolitan in das Glas seihen, mit einer Limettenscheibe garnieren und sofort servieren.

KEVINS PAUSEN-SNACK

FÜR 1 PORTION

ZUTATEN

Butter

3 Scheiben Frühstücksspeck

etwas frischer Rucola

50 g Blauschimmelkäse

2 Scheiben Toastbrot

2 EL Remoulade (Fertigprodukt)

3 Scheiben Kochschinken

Außerdem

Kontaktgrill

1 grüner Apfel (optional)

1 kleine Flasche Mineralwasser (optional)

ZUBEREITUNG

In einer Pfanne bei hoher Hitze etwas Butter schmelzen. Den Frühstücksspeck darin ringsum kross anbraten. Zum Abtropfen auf einen mit Küchenpapier ausgelegten Teller geben und vollständig abkühlen lassen. Dann zerbröseln.

Den Kontaktgrill nach Geräteanleitung vorheizen und mit etwas Butter einfetten.

Den Rucola waschen und trocken schleudern. Den Blauschimmelkäse in Stückchen schneiden. Beide Toastscheiben jeweils von einer Seite mit Remoulade bestreichen. Eine der Toastscheiben mit dem Kochschinken und dem Blauschimmelkäse belegen. Den zerbröselten Speck darauf verteilen und mit etwas frischem Rucola garnieren. Die zweite Toastscheibe (mit der Remoulade nach unten) drauflegen und leicht andrücken.

Sobald der Kontaktgrill die nötige Temperatur erreicht hat, das Sandwich hineinlegen und 2–3 Minuten grillen, bis der Toast knusprig ist. Alternativ das Sandwich auf ein mit Backpapier ausgelegtes Backblech geben und für 4–5 Minuten direkt unter dem Backofengrill grillen.

Das fertige Sandwich auf ein Schneidebrett geben und mit einem großen Messer quer halbieren. Wer's besonders „authentisch" möchte, serviert das Sandwich mit einem grünen Apfel und einer kleinen Flasche Mineralwasser.

POP'S SODA FLOATS

FÜR 2 PORTIONEN

ZUTATEN

Für die rote Variante
1 große Kugel Vanilleeis
1 EL Kirschsirup
kalte Kirschlimonade
Sprühsahne
1 Kirsche (alternativ Cocktailkirsche)

Für die blaue Variante
1 große Kugel Schlumpfeis
1 EL Blue Curaçao (alkoholfrei)
kalte Zitrone-Holunder-blüten-Limonade (z. B. Fanta Lemon & Elderflower)
Sprühsahne
1 Kirsche (alternativ Cocktailkirsche)

Außerdem
2 hohe Gläser

ZUBEREITUNG

Je 1 große Kugel Eis auf den Boden der Gläser geben und mit dem Kirschsirup bzw. dem Blue Curaçao übergießen.

Das Glas bis 1–2 Fingerbreit unter dem Rand mit kalter Limonade auffüllen und mit einem langen Löffel umrühren.

Großzügig mit Sprühsahne krönen und mit der Kirsche garnieren.

Sofort servieren!

JUGHEADS HOTDOGS

FÜR JE 4 PORTIONEN

ZUTATEN

Für den Chili-Dog

1 EL Pflanzenöl

150 g Schweinehackfleisch

Salz, Pfeffer

100 g Kidneybohnen (Dose)

100 g Mexiko-Mix (Dose)

100 ml scharfer Salsa-Dip

4 Hotdog-Würstchen

4 Hotdog-Brötchen

Käsesauce (Fertigprodukt)

1 rote Chilischote

Für den Sauerkraut-Dog

1 Schalotte

1 EL Pflanzenöl

150 g Sauerkraut (Dose)

Salz, Pfeffer

Zucker

1 EL Weißweinessig

100 g Kidneybohnen (Dose)

4 Hotdog-Würstchen

4 Hotdog-Brötchen

Gewürzgurken (nach Belieben)

Honig-Senf-Sauce (nach Belieben, S. 90)

HOMEMADE
STYLE

TIPP

Dazu passen wunderbar Archies Süßkartoffelpommes (S. 86).

ZUBEREITUNG

Für den Chili-Dog

Das Öl in einer antihaftbeschichteten Pfanne bei mittlerer Hitze erwärmen. Das Hackfleisch hineingeben, kräftig mit Salz und Pfeffer würzen und ringsum krümelig anbraten (5–6 Minuten).

Die Kidneybohnen und den Mexiko-Mix mit in die Pfanne geben, alles vermischen und 5 Minuten weiter anbraten. Den Salsa-Dip hinzufügen, alles gut durchrühren und unter regelmäßigem Rühren so lange köcheln lassen, bis die Flüssigkeit fast vollständig verdunstet ist. Nach Belieben mit Salz und Pfeffer abschmecken.

Die Hotdog-Würstchen in einem Topf in heißem Wasser 5 Minuten ziehen lassen.

In der Zwischenzeit die Hotdog-Brötchen von beiden Seiten leicht toasten. Dann der Länge nach horizontal zu ¾ aufschneiden, aber nicht durchtrennen, sodass man die Brötchen noch aufklappen kann.

Die Würstchen aus dem Topf nehmen und auf einem mit Küchenpapier ausgelegten Teller abtropfen lassen.

Die Hogdogs garnieren. Hierzu eine Schicht Käsesauce auf die unteren Brötchenhälften geben, darauf dann jeweils 1 Würstchen legen und mit einer großzügigen Portion Chili con carne krönen. Nach Belieben mit Chili-Ringen garnieren. Die Brötchen schließen, die obere Hälfte leicht andrücken und sofort genießen.

Für den Sauerkraut-Dog

Die Schalotte schälen und fein hacken. Anschließend in einer antihaftbeschichteten Pfanne bei mittlerer Hitze das Pflanzenöl erwärmen, die Schalotte hineingeben und glasig dünsten. Das Sauerkraut hinzufügen, alles vermischen und mit Salz, Pfeffer und 1 Prise Zucker würzen. Mit dem Weißweinessig ablöschen. Die Kidneybohnen dazugeben und unter gelegentlichem Rühren so lange einkochen lassen, bis die Flüssigkeit verdampft ist.

Die Hotdog-Würstchen in einem Topf in heißem Wasser 5 Minuten ziehen lassen.

In der Zwischenzeit die Hotdog-Brötchen von beiden Seiten leicht toasten. Dann der Länge nach horizontal zu ¾ aufschneiden, aber nicht durchtrennen, sodass man die Brötchen noch aufklappen kann.

Die Würstchen aus dem Topf nehmen und auf einem mit Küchenpapier ausgelegten Teller abtropfen lassen.

Die Hogdogs garnieren. Hierzu jeweils eine Schicht Gewürzgurken auf die unteren Brötchenhälften geben und großzügig mit selbst gemachter Honig-Senf-Sauce bestreichen. Darauf jeweils 1 Würstchen geben, mit einer ordentlichen Menge Kidneybohnen-Sauerkraut garnieren und mit einer zweiten Schicht Honig-Senf-Sauce krönen. Die Brötchen schließen, die obere Hälfte leicht andrücken und sofort genießen.

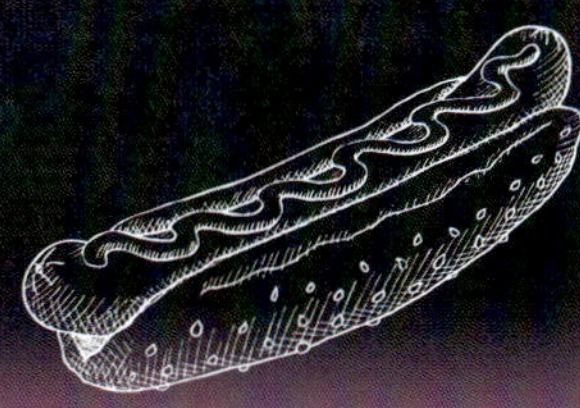

ARCHIES SÜSS-KARTOFFELPOMMES

FÜR 2 PORTIONEN

ZUTATEN

2 große Süßkartoffeln (ca. 650 g)
2 EL Hartweizengrieß
2 EL Speisestärke
Salz
frisch gemahlener schwarzer Pfeffer
Cayennepfeffer
Chiliflocken
etwas Olivenöl

ZUBEREITUNG

Süßkartoffeln schälen, waschen und in lange, dünne Stifte schneiden. Hierfür zunächst ein kleines Stück von der Längsseite der Süßkartoffel abschneiden, damit die Süßkartoffel glatt auf dem Schneidebrett aufliegt, und mit einem großen, scharfen Messer in ca. 1 cm dicke Scheiben schneiden. Dann immer mehrere Scheiben aufeinanderlegen und in ca. 1 cm schmale Stifte schneiden. In eine große Schüssel geben.

Den Backofen auf 200 °C (Ober-/Unterhitze) vorheizen. Ein Backblech mit Backpapier auslegen.

In einer kleinen Schüssel Grieß mit Speisestärke, ½ TL Salz und je 1 Prise Pfeffer, Cayennepfeffer und Chiliflocken vermischen.

Die Süßkartoffelstifte mit etwas Olivenöl beträufeln, die Grieß-Gewürz-Mischung hinzufügen und alles gründlich vermengen, sodass die Süßkartoffelstifte ringsum mit Würze überzogen sind. Gleichmäßig so auf dem Backblech verteilen, dass sich die Pommes nicht überlappen. Anschließend 15–20 Minuten im heißen Ofen (Mitte) garen, je nachdem, wie kross ihr eure Süßkartoffelpommes am liebsten mögt.

Die fertigen Süßkartoffelpommes möglichst heiß mit einem Dip eurer Wahl servieren.

POP'S SALTED-CARAMEL-MOUSSE

FÜR 4 PORTIONEN

ZUTATEN

Für die Mousse
500 ml Milch
1 Pck. Karamellpudding
Meersalz
5 EL Zucker
150 g Magerquark

Für die Karamellsauce
50 g Zucker
25 g Butter
75 g Sahne
Meersalz (nach Belieben)

Für die Garnitur
150 g Sahne
Schokokugeln oder geraspelte Schokolade (nach Belieben)

Außerdem
4 Dessertgläser

ZUBEREITUNG

100 ml Milch, Puddingpulver, 1 Prise Meersalz und den Zucker in eine Schüssel geben und so lange verrühren, bis sich der Zucker vollständig aufgelöst hat und keine Klümpchen mehr zu sehen sind.

Die übrige Milch bei mittlerer Hitze aufkochen. Die Puddingmasse hinzufügen und unter ständigem Rühren 1 Minute köcheln lassen. Vom Herd nehmen und einige Minuten abkühlen lassen. Solange der Pudding noch warm, aber nicht mehr heiß ist, den Magerquark unterheben. Dann gleichmäßig auf die Dessertgläser verteilen und kalt stellen.

Für die Sauce den Zucker in einem kleinen Topf bei mittlerer Hitze erwärmen, bis er anfängt, braun zu werden. Die Butter hinzufügen und sorgsam durchrühren. Sobald die Butter vollständig geschmolzen ist, die Sahne einarbeiten und 1–2 Minuten köcheln lassen. Dann vom Herd nehmen, kurz abkühlen lassen und in eine kleine Schüssel umfüllen. Nach Belieben mit dem Meersalz würzen (je nachdem, wie salzig ihr's mögt) und bis zum Gebrauch kaltstellen. Vor der Verwendung nochmal kräftig durchrühren.

Zum Servieren mit einem Handrührgerät die Sahne für die Garnitur steif schlagen. Jeweils einen Klecks davon auf die abgekühlte Mousse geben, großzügig mit der selbst gemachten Karamellsauce beträufeln und nach Belieben mit Schokokugeln oder Schokoraspeln bestreuen.

POP’S BAGEL-BURGER

FÜR 4 BAGEL-BURGER

ZUTATEN

Für die Honig-Senf-Sauce
150 g Crème fraîche
3 EL flüssiger Honig
5 EL mittelscharfer Senf
Zucker
Salz
Weißweinessig

Für die Hühnerschnitzel
4 Hühnerbrüste
Salz, Pfeffer
4 EL Mehl (Type 405)
3 Eier (Größe M)
Semmelbrösel
5 EL Pflanzenöl

Für die Bagel-Burger
1 rote Zwiebel
2 Tomaten
etwas Blattsalat
4 Sesam-Bagel

ZUBEREITUNG

Für die Honig-Senf-Sauce in einer kleinen Schüssel Crème fraîche, Honig und Senf verrühren. Je 1 Prise Zucker und Salz und 1 Spritzer Weißweinessig unterrühren und bis zur Verwendung kaltstellen. Vor Gebrauch nochmals kräftig durchrühren.

Die Hühnerbrüste trocken tupfen und von überschüssigem Fett befreien. Dann auf die Arbeitsfläche legen, mit Frischhaltefolie abdecken und mit der Unterseite einer Pfanne etwas flacher klopfen. Kräftig salzen und pfeffern.

Drei flache Schüsseln bereitstellen. In eine davon das Mehl geben, in die zweite die Eier und in die dritte die erforderliche Menge Semmelbrösel. Die Eier verquirlen. Die Schnitzel eins nach dem anderen erst im Mehl wenden, dann ins Ei tauchen und schließlich mit Semmelbröseln überziehen. Die Brösel gut andrücken, sodass sie am Fleisch haften bleiben. Überschüssige Brösel behutsam abklopfen.

In einer großen Pfanne bei mittlerer Hitze das Öl erwärmen und die Hühnerschnitzel darin ringsum goldbraun ausbacken (5–6 Minuten pro Seite). Dann herausnehmen und zum Abtropfen auf einen mit Küchenpapier ausgelegten Teller geben.

Die Zwiebel schälen und fein hacken. Die Tomaten waschen und in dünne Scheiben schneiden. Den Salat waschen und trocken schleudern. Die Bagel waagerecht halbieren und die Schnittflächen auf dem Toaster leicht anrösten. Dann die Unterseiten der Bagel jeweils mit etwas Honig-Senf-Sauce bestreichen und nach Belieben mit etwas fein gehackter roter Zwiebel bestreuen. Einige Tomatenscheiben und etwas Salat darauflegen, jeweils gefolgt von einem der Hühnerschnitzel. Eine zweite Schicht Tomaten auf die Schnitzel geben, gefolgt von weiterer Senfsauce und noch mehr gehackten Zwiebeln. Jeweils die zweite Bagel-Hälfte daraufsetzen, leicht andrücken und sofort servieren.

POP'S CHILI CHEESE FRIES

FÜR 4 PORTIONEN

ZUTATEN

Für die Pommes frites
4 große mehligkochende Kartoffeln
360 ml helles Bier
2 EL Rapsöl
1 TL rosenscharfes Paprikapulver
1 TL Knoblauchsalz

Für das Chili
1 Zwiebel
3 Knoblauchzehen
¼ gelbe Chilischote
¼ rote Chilischote
300 g Kidneybohnen (Dose)
2 EL Olivenöl
350 g gemischtes Hackfleisch
200 g Pizzatomaten (Dose)
2 TL Chilipulver
2 TL gemahlener Kreuzkümmel
Salz, Pfeffer

Außerdem
3 Frühlingszwiebeln zum Garnieren
80 g geriebener Cheddar (oder anderer Käse nach Wahl) zum Garnieren

ZUBEREITUNG

Die Kartoffeln waschen und in ca. 2 cm dicke Stifte schneiden. In eine ausreichend große Schüssel geben und mit dem Bier übergießen. So viel Wasser dazugeben, dass die Kartoffelstifte komplett damit bedeckt sind, und für mindestens 2 Stunden in den Kühlschrank stellen, am besten über Nacht.

Den Ofen auf 225 °C (Ober-/Unterhitze) vorheizen. Ein Backblech mit Backpapier auslegen.

In einer kleinen Schüssel das Rapsöl mit Paprikapulver und Knoblauchsalz vermischen.

Die Kartoffelstifte in ein großes Sieb geben, unter fließend kaltem Wasser abspülen und mit Küchenpapier sorgsam trocken tupfen. Die Gewürzmischung dazugeben, alles so miteinander vermischen, dass die Kartoffelstifte ringsum mit Würze überzogen sind, und möglichst so auf dem Backblech verteilen, dass sich die Pommes nicht überlappen. Im heißen Ofen (Mitte) 20–25 Minuten backen bzw. so lange, bis die Pommes schön gebräunt und kross sind; nach der Hälfte der Zeit wenden.

Während die Pommes im Ofen sind, das Chili zubereiten. Dazu die Zwiebeln und den Knoblauch schälen und fein hacken. Die Chilis waschen, putzen und in feine Ringe schneiden. Die Kidneybohnen abtropfen lassen. Die Frühlingszwiebeln putzen, waschen und in feine Ringe schneiden, beiseitestellen.

Das Öl bei hoher Hitze in einer großen Pfanne erwärmen. Sobald das Öl heiß ist, das Hackfleisch hineingeben und 2 Minuten ringsum scharf anbraten. Zwiebeln und Knoblauch dazugeben, alles durchmischen und weitere 2 Minuten glasig schwitzen. Pizzatomaten, Chilis und Kidneybohnen untermengen. Mit Chilipulver und Kreuzkümmel würzen und nach Belieben mit Salz und Pfeffer abschmecken. Kurz aufkochen, dann die Hitze auf Mittel reduzieren und unter gelegentlichem Rühren 15–20 Minuten offen köcheln lassen, sodass das Chili zwar nicht anbrennt, aber möglichst „trocken“ wird.

Sobald die Pommes fertig sind, die Grillfunktion des Ofens aktivieren. Das Chili auf den Pommes verteilen und großzügig mit geriebenem Käse und Frühlingszwiebeln bestreuen. 2–3 Minuten unter den Ofengrill geben, bis der Käse zu zerlaufen beginnt, und sofort servieren.

RIVERDALE SUNDAE

FÜR 4 PORTIONEN

ZUTATEN

Für das Eis

4 Bananen

50 g Zucker

200 g Sahne

Für die Fruchtsauce

350 g gemischte frische Beeren

1 Pck. Vanillezucker

Für die Sahne

200 g kalte Sahne

1 Pck. Vanillezucker

20 g Zucker

Außerdem

4 Eisbecher (à 300 ml Fassungsvermögen)

geraspelte Schokolade zum Garnieren

Eiswaffeln zum Garnieren

ZUBEREITUNG

Für das Eis die Bananen schälen, grob hacken und in eine Schüssel geben. Für 3–4 Stunden ins Gefrierfach stellen, bis die Bananenstücke gefroren sind.

Gefrorene Bananen, Zucker und Sahne in eine hohe Rührschüssel geben und mit einem Stabmixer fein pürieren. Bis zur Verwendung zurück ins Gefrierfach geben.

Einige Beeren als Garnitur beiseitelegen, für die Sauce den Rest zusammen mit dem Vanillezucker in einen Standmixer geben und fein pürieren. Bis zur Verwendung kaltstellen.

In einem Rührbecher mit einem Handrührgerät auf mittlerer Stufe die kalte Sahne mit Vanillezucker und Zucker steif schlagen.

Anschließend jeweils 2 Fingerbreit Fruchtsauce in jeden Becher füllen, nach Belieben Bananeneis hineingeben und das Eis behutsam so nach unten drücken, dass die Sauce am Glasrand nach oben gedrückt wird. Mit einem großzügigen Klecks Schlagsahne krönen, mit Schokoraspeln bestreuen, mit Eiswaffeln dekorieren und mit den übrigen Beeren garnieren. Sofort servieren.

BABYLONIUM-DAIQUIRI

FÜR 1 DRINK

ZUTATEN

5 cl brauner Rum

1 cl Limettensaft

2 cl Ahornsirup

1 frisches Eiweiß (Größe M)

Eiswürfel

frische Bio-Limettenzeste zum Garnieren (nach Belieben)

Außerdem

Stielglas nach Wahl

Cocktailshaker

ZUBEREITUNG

Das Glas 10 Minuten vor dem Servieren ins Gefrierfach geben.

Rum, Limettensaft, Ahornsirup und Eiweiß in einen Cocktailshaker geben. Verschließen und das Ganze 15 Sekunden kräftig schütteln.

Den Shaker öffnen und die Eiswürfel hineingeben. Erneut verschließen und weitere 10–20 Sekunden schütteln, bis der Drink so kalt ist wie gewünscht.

Das Glas aus dem Gefrierfach nehmen. Den Drink vorsichtig so in das Glas seihen, dass sich oben eine hübsche Eiweißkrone bildet. Nach Belieben mit Limettenzeste garnieren und sofort servieren.

POP'S SHRIMP PO BOY

FÜR 2 PORTIONEN

ZUTATEN

24 TK-Shrimps (küchenfertig)
3 EL Maismehl
3 EL Mehl (Type 405)
1 TL Pfeffer
1 TL Chilipulver
1 TL Selleriesalz
1 TL Zwiebelsalz
1 TL getrockneter Oregano
1 TL Knoblauchpulver
Öl zum Frittieren
1 grüne Chilischote
Eisbergsalat (nach Belieben)
2 Tomaten (nach Belieben)
2 Baguette-Brötchen
Remoulade (Fertigprodukt)
Sriracha-Mayonnaise (Fertigprodukt)
Cajun-Gewürz (nach Belieben)

ZUBEREITUNG

Zunächst die Shrimps nach Packungsanweisung auftauen und abtropfen lassen.

Beide Mehle in einer großen Schüssel mit Pfeffer, Chilipulver, Sellerie- und Zwiebelsalz, Oregano und Knoblauchpulver mischen.

Das Öl in einen ausreichend großen Topf geben und bei mittlerer Hitze erwärmen.

Unterdessen die Shrimps in die Schüssel mit dem Würzmehl geben und alles gut miteinander vermischen, sodass die Shrimps ringsum komplett mit dem Würzmehl überzogen sind. Die Shrimps leicht abschütteln, um etwaigen Überschuss zu entfernen, und vorsichtig in das heiße Öl geben. Je nach gewünschtem Bräunungsgrad frittieren (2–3 Minuten). Mit einem Schaumlöffel herausnehmen und auf einem mit Küchenpapier ausgelegten Teller abtropfen lassen.

Die Chili waschen, putzen und in feine Ringe schneiden. Den Salat waschen und trocken schleudern, die Tomaten waschen und in Scheiben schneiden.

Die Baguette-Brötchen jeweils horizontal zu ¾ aufschneiden, aber nicht durchtrennen, sodass man die Brötchen noch aufklappen kann. Die Schnittflächen mit Remoulade bestreichen, nach Belieben mit Salat und Tomatenscheiben belegen, auf einer Seite die Chiliringe verteilen und die Shrimps gleichmäßig auf beide Brötchen verteilen. Großzügig mit Sriracha-Mayonnaise beträufeln. Falls gewünscht, noch mit etwas Cajun-Gewürz besprenkeln. Sofort servieren.

LEGENDÄRER BACON-CHEESEBURGER

FÜR 4 PORTIONEN

ZUTATEN

Für die Pattys

1 kg Rinderhackfleisch
3 EL Teriyaki-Sauce
2 EL Zwiebelpulver
2 EL Knoblauchpulver
Salz
1 Ei (Größe M)
frisch gemahlener schwarzer Pfeffer
1 EL Pflanzenöl

Für die Burger

16 Scheiben Frühstücksspeck
1 rote Zwiebel
4 große Burger-Buns
Käsesauce (Fertigprodukt)
8 Scheiben Cheddar
Gewürzgurken
etwas Rucola

ZUBEREITUNG

Das Hackfleisch in einer Schüssel mit Teriyaki-Sauce, Zwiebelpulver, Knoblauchpulver, 1 EL Salz, Ei und etwas Pfeffer vermischen. 15 Minuten im Kühlschrank ziehen lassen.

Aus dem gekühlten Fleisch acht gleich große Pattys formen. Bei hoher Hitze das Öl in einer großen Pfanne erwärmen und in zwei Durchgängen jeweils vier Pattys ringsum scharf anbraten (ca. 3 Minuten pro Seite). Nach Belieben mit Salz und Pfeffer würzen und die Pattys zum Abtropfen auf einen mit Küchenpapier ausgelegten Teller geben.

Den Frühstücksspeck in die Pfanne geben und von beiden Seiten kross anbraten. (Sollte zu viel Fett in der Pfanne sein, vorher etwas davon mit Küchenpapier entfernen.) Den fertig gebratenen Speck zum Abtropfen auf den Teller mit den Pattys geben.

Die Zwiebel schälen und in feine Ringe schneiden. Die Burger-Buns aufschneiden, die Schnittflächen kurz antoasten und die unteren Burgerhälften wie folgt belegen: zuerst Käsesauce, dann 1 Patty, danach 1 Scheibe Cheddar, dann 2 Streifen gebratener Speck, gefolgt von Gewürzgurken und roten Zwiebeln. Darauf folgt ein zweiter Patty, wiederum gekrönt mit einer Scheibe Cheddar und zwei Streifen Frühstücksspeck. Mit weiterer Käsesauce krönen und mit etwas frischem Rucola garnieren. Mit der oberen Brötchenhälfte abschließen und diese behutsam andrücken. Zeitnah servieren, z. B. zusammen mit American Coleslaw (siehe S. 74), Archies Süßkartoffelpommes (siehe S. 86) oder Pop's Chili Cheese Fries (siehe S. 92).

POP'S STEAKHOUSE-POMMES

FÜR 4–5 PORTIONEN

ZUTATEN

1 kg mehligkochende Kartoffeln
Salz
1 TL Zucker
2 TL geräuchertes Paprikapulver
2 TL rosenscharfes Paprikapulver
1 TL Currypulver
½ TL Pfeffer
Öl zum Frittieren

ZUBEREITUNG

Die Kartoffeln schälen und in 2–3 cm breite Streifen schneiden. 10 Minuten in eiskaltes Wasser legen, damit die Stärke austreten kann. Währenddessen in einer kleinen Schüssel 5 TL Salz, Zucker, beide Paprikapulver, Currypulver und Pfeffer vermischen.

Die Pommes aus dem Eiswasser nehmen und mit Küchenpapier gut trocken tupfen.

Das Öl in einen hohen Topf geben und auf 160 °C erwärmen. Um zu testen, ob das Öl heiß genug ist, probeweise ein Kartoffelstäbchen hineingeben; wenn zischend Bläschen aufsteigen, ist das Fett bereit. Die Pommes nun in mehreren Portionen (je nach Topfgröße) 4–5 Minuten ringsum frittieren, bis sie blassgelb sind. Dann mit einem Schaumlöffel aus Metall herausnehmen und auf einem mit Küchenpapier ausgelegten Teller abtropfen lassen. Auf diese Weise alle Pommes vorfrittieren; das Öl zwischendurch bei Bedarf wieder erhitzen.

Das Öl anschließend auf 190 °C erhitzen und die Steakhouse-Pommes portionsweise ein zweites Mal frittieren, bis sie goldbraun und richtig schön knusprig sind. Dann aus dem Öl nehmen und erneut auf einem mit Küchenpapier ausgelegten Teller abtropfen lassen.

Sobald alle Pommes fertig frittiert und abgetropft sind, in eine große Schüssel geben und nach Belieben mit dem Pommes-Gewürz würzen. Direkt servieren.

Hand made
HOMEMADE

LUNA RUM SOUR

FÜR 1 DRINK

ZUTATEN

5 cl brauner Rum

2 cl Limettensaft

1 cl Ahornsirup

1 frisches Eiweiß (Größe M)

Eiswürfel

1 Limettenscheibe

Außerdem

Stielglas nach Wahl

Cocktailshaker

ZUBEREITUNG

Das Glas 10 Minuten vor dem Servieren ins Gefrierfach geben.

Rum, Limettensaft, Ahornsirup und Eiweiß in einen Cocktailshaker geben. Verschließen und das Ganze 15 Sekunden kräftig schütteln.

Den Shaker öffnen und die Eiswürfel hineingeben. Erneut verschließen und weitere 10–20 Sekunden schütteln, bis der Drink so kalt ist wie gewünscht.

Das Glas aus dem Gefrierfach nehmen. Den Drink in das gekühlte Glas seihen, mit der Limettenscheibe garnieren und sofort servieren.

POP'S MÖHRENKUCHEN

FÜR 1 KUCHEN (CA. 8 PORTIONEN)

ZUTATEN

Für den Teig

400 g Möhren
4 Eier (Größe M)
200 g Zucker
250 ml neutrales Öl
1 TL gemahlener Zimt
200 g gemahlene Mandeln
250 g Mehl (Type 405)
2 TL Backpulver

Für das Frosting

300 g Frischkäse (70 % Fett i. Tr.)
100 g Puderzucker
1 Pck. Vanillezucker
1 EL Zitronensaft

Außerdem

Springform (Ø 26 cm)
Butter für die Form
Zucker- oder Marzipanmöhren zum Dekorieren

ZUBEREITUNG

Den Backofen auf 180 °C (Ober-/Unterhitze) vorheizen. Die Springform großzügig mit Butter einfetten.

Die Möhren schälen und reiben.

Eier, Zucker, Öl und Zimt in eine Rührschüssel geben und mit einem Handrührgerät geschmeidig rühren. Die geriebenen Möhren und die gemahlenen Mandeln hinzufügen und sorgsam einarbeiten.

In einer separaten Schüssel Mehl und Backpulver vermischen, in die Rührschüssel geben und ebenfalls sorgsam unterrühren, bis ein schöner, noch recht flüssiger Teig entsteht.

Den Teig in die eingefettete Form füllen und im heißen Ofen (Mitte) 40–50 Minuten backen bzw. so lange, bis ein Zahnstocher, den man in die Mitte steckt, beim Herausziehen sauber bleibt. Dann aus dem Ofen nehmen und in der Form abkühlen lassen. Erst dann aus der Springform lösen!

In der Zwischenzeit das Frosting zubereiten. Hierzu Frischkäse, Puderzucker, Vanillezucker und Zitronensaft mit einem Handrührgerät in einer Schüssel durcharbeiten, bis alles gut vermischt ist. Schließlich gleichmäßig auf dem abgekühlten Kuchen verstreichen, ringsum mit einem Backspatel glätten und kurz antrocknen lassen. Zuletzt nach Belieben mit Zucker- oder Marzipanmöhren garnieren.

MRS. COOPERS GEFÜLLTER FEST-TAGSTRUTHAHN

FÜR 6–8 PORTIONEN

ZUTATEN

Für den Truthahn
2 große Zwiebeln
1 Knoblauchzehe
1 säuerlicher Apfel (z. B. Boskop)
½ Stange Staudensellerie
½ Bund frische Petersilie
100 g Geflügelleber
250 g Mett
150 ml Hühnerfond
frisch gemahlener schwarzer Pfeffer
3 EL Olivenöl
3 EL Paprikapulver
Salz
1 Truthahn (ca. 4–5 kg, küchenfertig)
2 EL Orangensaft
50 ml Weißwein (optional)
2 EL Preiselbeerkonfitüre
50 g Sahne
brauner Saucenbinder (nach Belieben)

Für den Buttermais
Salz
Zucker
8 Maiskolben (vorgegart)
½ rote Chili (optional)
200 g weiche Butter
2 Msp. Abrieb von 1 Bio-Zitrone
8 EL frische gehackte Kräuter (nach Belieben)
frisch gemahlener schwarzer Pfeffer
grobes Meersalz

Außerdem
Zahnstocher

TIPP

Um den Truthahn zusammen mit allen Beilagen auf den Tisch zu bringen, ist gutes Zeitmanagement wichtig. Am einfachsten ist es, die Maiskolben gegen Ende der Garzeit des Truthahns kurzerhand mit in den Ofen zu schieben.

ZUBEREITUNG

Für den Truthahn Zwiebeln und Knoblauch schälen und fein hacken. Den Apfel schälen, vom Kerngehäuse befreien und in kleine Würfel schneiden. Sellerie und Petersilie waschen. Die Petersilie trocken schütteln und fein hacken, den Sellerie in sehr feine Würfel schneiden. Die Geflügelleber in feine Würfel schneiden. Alles mit dem Mett und dem Hühnerfond vermischen. Mit etwas Pfeffer würzen.

Den Backofen auf 180 °C (Ober-/Unterhitze) vorheizen. Eine große Schale mit 1 Fingerbreit Wasser darin unten in den Ofen stellen, um später das Fett aufzufangen.

In einer kleinen Schüssel Olivenöl, Paprikapulver, 1 TL Salz und 1 kräftige Prise Pfeffer miteinander vermischen.

Den Truthahn trocken tupfen und mit der Hackfleisch-Apfel-Füllung stopfen. Die Öffnung mit Zahnstochern verschließen. Den Truthahn anschließend auf einen Bratrost legen, mit der Würzmarinade einreiben und dann in den heißen Backofen (unten) geben. Je nach Gewicht ca. 5 Stunden garen. Die Faustregel hier lautet: 1 kg Fleisch = 1 Stunde Garzeit. Dabei regelmäßig (alle 15–20 Minuten) großzügig mit dem Fett aus der Auffangschale bepinseln und einmal pro Stunde wenden.

Für den Buttermais in einem angemessen großen Topf genügend Wasser aufkochen, dass alle Maiskolben komplett davon bedeckt sind. 1 TL Salz und 1 TL Zucker einrühren. Die vorgegarten Maiskolben hineingeben und ca. 15 Minuten bei mittlerer Hitze kochen.

Währenddessen optional die Chili waschen, putzen und fein hacken. In einer kleinen Schüssel die weiche Butter mit Zitronenabrieb, Kräutern und, nach Belieben, der sehr fein gehackten Chili vermischen und mit Salz und Pfeffer abschmecken. Bis zur Verwendung im Kühlschrank kalt stellen.

Den Backofen auf 180 °C (Ober-/Unterhitze) vorheizen.

Nach der Garzeit den Mais abgießen und die Maiskolben etwas abkühlen lassen. Dann auf ein mit Backpapier ausgelegtes Backblech legen, ringsum großzügig mit Kräuterbutter bepinseln und 10 Minuten im heißen Ofen (Mitte) backen. Das Blech herausnehmen, die Maiskolben nach Belieben mit weiterer Butter bestreichen und mit grobem Meersalz bestreuen.

Ist der Truthahn fertig, zum Warmhalten locker mit Alufolie abdecken und den Ofen ausschalten.

Den Bratensaft aus der Auffangschale durch ein Sieb in einen Topf geben und mit Orangensaft, Wein und Preiselbeerkonfitüre mischen. Kurz aufkochen, dann sofort die Hitze reduzieren und die Sahne einrühren. Sollte die Sauce zu dünn sein, mit etwas Saucenbinder andicken.

Den Truthahn auf ein Schneidebrett geben und nach Belieben mit einer Geflügelschere zerlegen. Die Füllung herausnehmen und auf einen Servierteller geben. Den Truthahn zusammen mit der Füllung, der Sauce, dem Mais und Pop's Steakhouse-Pommes (S. 104) servieren.

ZWEIERLEI CHOCK'LIT-WAFFELN

FÜR JEWEILS 4 PORTIONEN

ZUTATEN

Für den Waffelteig
3 Eier (Größe M)
Salz
125 g weiche Butter
100 g Zucker
250 g Mehl (Type 405)
½ TL Backpulver
1 TL gemahlener Zimt
200 ml Milch
50 ml kohlensäurehaltiges Mineralwasser

Für die Schlagsahne
100 g kalte Sahne
1 Pck. Vanillezucker

Für die Himbeer-Mandelkrokant-Waffeln
150 g frische Himbeeren
Himbeersauce (Fertigprodukt, nach Belieben)
Mandelkrokant (Fertigprodukt, nach Belieben)

Für die Walnuss-Karamell-Waffeln
100 g Walnusskerne
2 Bananen
Karamellsauce (Fertigprodukt, nach Belieben)

Außerdem
Waffeleisen
Öl oder Butter zum Einfetten

ZUBEREITUNG

Für den Waffelteig

Die Eier trennen. Das Eiweiß mit einem Handrührgerät in einer Schüssel mit 1 Prise Salz so lange schlagen, bis sich steife Spitzen bilden.

In einer separaten Schüssel die weiche Butter mit dem Zucker schaumig rühren. Das Eigelb dazugeben und unter die Buttercreme mischen.

Wiederum in einer separaten Schüssel das Mehl mit dem Backpulver und dem Zimt vermengen. Zusammen mit der Milch und dem Mineralwasser zu der Butter-Ei-Masse geben und alles gründlich verrühren. Schließlich das steif geschlagene Eiweiß unter den Teig heben.

Nach Geräteanleitung das Waffeleisen aufheizen und einfetten. Jeweils 2–3 EL Teig pro Waffel hineingeben und goldbraun ausbacken. (Dies kann je nach Waffeleisen 3–5 Minuten dauern.) So fortfahren, bis der Teig aufgebraucht ist. Die fertigen Waffeln auf einen flachen Teller geben und zum Warmhalten locker mit Alufolie abdecken.

Während die Waffeln etwas abkühlen, in einer hohen Rührschüssel die kalte Sahne mit dem Vanillezucker aufschlagen. Bis zum Gebrauch im Kühlschrank kaltstellen.

Für die Himbeer-Mandelkrokant-Waffeln

Die Himbeeren waschen und verlesen.

Sobald die Waffeln fertig sind und die Schlagsahne bereitsteht, jeweils eine Waffel auf einen Teller legen und einen großzügigen Klecks Schlagsahne in die Mitte geben. Nach Belieben frische Himbeeren darauf verteilen. Eine zweite Waffel darauflegen, wiederum mit Schlagsahne und Himbeeren garnieren und eine dritte Waffel daraufsetzen. Mit Schlagsahne und Himbeeren krönen, mit Himbeersauce beträufeln und mit Mandelkrokant bestreuen. Sofort servieren.

Für die Walnuss-Karamell-Waffeln

Die Walnüsse grob hacken und die Bananen schälen und in Scheiben schneiden.

Sobald die Waffeln fertig sind und die Schlagsahne bereitsteht, jeweils eine Waffel auf einen Teller legen und einen großzügigen Klecks Schlagsahne in die Mitte geben. Nach Belieben Bananenscheiben darauf verteilen, mit Walnüssen bestreuen und mit Karamellsauce beträufeln. Bündig eine zweite Waffel darauflegen und wiederum mit Schlagsahne und Bananenscheiben garnieren, mit Walnüssen bestreuen und mit Karamellsauce beträufeln. Eine dritte Waffel daraufsetzen. Mit Schlagsahne und Walnüssen krönen, mit Karamellsauce beträufeln und sofort servieren.

DOUBLE CHOCOLATE BANANA SHAKE

FÜR 2 PORTIONEN

ZUTATEN

20 g Zartbitter-Kuvertüre

1 große Banane

500 ml kalte Milch

1 EL Backkakao

1 Pck. Vanillezucker

50 g Sahne

geraspelte Schokolade zum Garnieren

Schokosauce (Fertigprodukt)

Außerdem
2 hohe Milchshake-Gläser (à 300 ml Fassungsvermögen)

ZUBEREITUNG

Die Kuvertüre grob hacken und über einem Wasserbad oder vorsichtig in der Mikrowelle schmelzen. Sobald die Kuvertüre geschmolzen ist, etwas davon auf die Innenseite des Glases gießen und durch Schwenken des Glases geschickt zu einer Wolkenform verlaufen lassen. Einige Minuten antrocknen lassen, dann auf dieselbe Weise die nächsten „Wolken" aufbringen. Mit dem zweiten Glas wiederholen.

Die Banane schälen und in fingerdicke Scheiben schneiden. Zwei schöne Scheiben beiseitelegen; den Rest zusammen mit Milch, Kakao und Vanillezucker in einen Standmixer geben und sehr fein pürieren. 10 Minuten kaltstellen.

In einem Rührbecher mit einem Handrührgerät auf hoher Stufe die Sahne steif schlagen.

Die gekühlte Bananenmilch auf die beiden vorbereiteten Gläser verteilen. Jeweils nach Belieben etwas von der Schlagsahne daraufgeben, großzügig mit den Schokoraspeln bestreuen und mit Schokosauce beträufeln. Zuletzt jeden Milchshake mit einer halb eingeschnittenen Bananenscheibe garnieren. Gekühlt servieren.

TRUTHAHN-ROGGEN-BROT-SANDWICH

FÜR 2 PORTIONEN

ZUTATEN

Salz

3 Eier (Größe M)

1 kleines, frisches Roggenbaguette (ca. 25 cm lang)

¼ Bio-Salatgurke

etwas Salat

Remoulade (Fertigprodukt)

200 g Putenbrustaufschnitt

150 g Cheddar (in Scheiben)

ZUBEREITUNG

Bei mittlerer Hitze einen kleinen Topf kräftig gesalzenes Wasser erhitzen. Die Eier an der Unterseite anpiksen, um zu verhindern, dass sie im Topf platzen. Anschließend behutsam in das kochende Wasser geben und 10 Minuten kochen. Mit einem Schaumlöffel herausnehmen, unter fließend kaltem Wasser abschrecken und direkt pellen.

Das Baguette waagerecht halbieren und beide Hälften mit den Schnittflächen nach unten 1 Minute auf dem Toaster anrösten.

Die Gurke waschen und in dünne Scheiben schneiden, den Salat waschen und trocken schleudern.

Die untere Baguettehälfte auf die Arbeitsfläche legen, gleichmäßig die Remoulade darauf verstreichen und mit etwas Salat belegen. Die Putenbrustscheiben einzeln zusammenrollen und nebeneinander auf dem Salat arrangieren. Die hartgekochten Eier in Scheiben schneiden, auf der Putenbrust verteilen und mit etwas Remoulade krönen. Mit den Gurkenscheiben und dem Cheddar garnieren, die obere Baguettehälfte darauflegen und leicht andrücken.

Mit einem großen, scharfen Messer halbieren und zeitnah servieren.

FRED
ANDREWS

FRITOS PIE

FÜR 4 PORTIONEN

ZUTATEN

1 Schalotte
1 Knoblauchzehe
1 EL Olivenöl
50 g Schinkenwürfel
1 EL Tomatenmark
400 g Hackfleisch
50 ml trockener Rotwein (optional)
300 g Kidneybohnen (Dose)
200 g Pizzatomaten (Dose)
75 g Mexiko-Mix (Dose)
100 g passierte Tomaten
1 Lorbeerblatt
Zucker
Salz, Pfeffer
Paprikapulver
Cayennepfeffer
getrockneter Oregano
4 kleine Tüten Chips (à 50 g)
1 rote Chilischote zum Garnieren (nach Belieben)
Mayonnaise (nach Belieben)

ZUBEREITUNG

Schalotte und Knoblauch schälen und fein hacken. In einem Topf bei mittlerer Hitze das Olivenöl erwärmen. Schalotten und Knoblauch hinzufügen und glasig dünsten. Die Schinkenwürfel dazugeben und scharf anbraten. Das Tomatenmark unterrühren und kurz anrösten. Das Hackfleisch hinzugeben, alles gut vermengen und unter gelegentlichem Rühren ringsum anbraten. Mit dem Rotwein ablöschen.

Kidneybohnen, Pizzatomaten und Mexiko-Mix zusammen mit den passierten Tomaten und dem Lorbeerblatt in den Topf geben. Mit 1 Prise Zucker würzen. Alles gut verrühren und bei niedriger Hitze unter regelmäßigem Rühren 30 Minuten offen köcheln lassen, um das Ganze einzureduzieren. Das Chili soll möglichst kompakt sein, mit nur wenig Flüssigkeit. Schließlich mit Salz, Pfeffer, Paprikapulver, Cayennepfeffer und Oregano abschmecken. Aber Vorsicht mit der Schärfe: Lieber nochmal nachwürzen, als zu riskieren, dass das Ganze von vornherein zu feurig wird!

Zum Servieren die Chipstüten mittig mit einer Schere aufschneiden und jeweils etwas von dem Chili auf den Chips verteilen. Nach Belieben die Chili waschen und in Ringe schneiden. Die Chips mit Chiliringen und Mayonnaise garnieren und sofort genießen!

TIPP

Wem es an Zeit oder Lust mangelt, das Chili selbst zu kochen, der kann auch auf Dosen-Chili zurückgreifen. Das solltet ihr nach dem Warmmachen jedoch unbedingt durch ein Sieb abtropfen lassen, damit die ganze Sauce die Chips nicht augenblicklich aufweicht. Dabei – Spoiler! – werdet ihr allerdings merken, dass in diesen Dosen-Chilis praktisch null Einlage ist. Kauft also am besten gleich drei Familienrationen, um genügend Garnitur für eure Fritos Pies zu haben – oder macht euer Chili am besten eben doch selber.

MOOSE MILK

FÜR 1 DRINK

ZUTATEN

4 cl brauner Rum

2 cl Bourbon

2 cl Kaffeelikör

3 cl Ahornsirup

200 ml Milch (3,5 % Fett)

1 Kugel Vanilleeis

gemahlener Zimt zum Garnieren

1 Zimtstange zum Garnieren (nach Belieben)

ZUBEREITUNG

Rum, Bourbon, Kaffeelikör, Ahornsirup, Milch und Vanilleeis in einen Mixer geben und fein pürieren, bis das Eis praktisch verschwunden ist und das Ganze eine schön cremige Konsistenz hat.

In ein ausreichend großes Glas füllen, mit etwas Zimt sowie 1 Zimtstange garnieren und zeitnah genießen.

Fresh & Delicious

MOZZARELLA-STICKS MIT SPEZIALSAUCE

FÜR 4 PORTIONEN

ZUTATEN

Für Pop's Spezialsauce
½ Schalotte
1 Knoblauchzehe
5 EL Ketchup
5 EL Chilisauce
2 EL Ajvar
1–2 EL Sambal Oelek (nach Belieben)

Für die Mozzarella-Sticks
500 g Mozzarella
2 Eier (Größe M)
60 ml Milch
250 g Semmelbrösel
1 EL Kräutersalz
250 ml Pflanzenöl

ZUBEREITUNG

Für die Sauce die Schalotte schälen und fein hacken, den Knoblauch schälen und pressen.

Ketchup, Chilisauce, den Ajvar und nach Belieben (je nachdem, wie scharf der Dip werden soll) Sambal Oelek in eine kleine Schüssel geben. Schalotte und Knoblauch hinzufügen und gut durchrühren. Locker mit Frischhaltefolie abgedeckt, mindestens 1 Stunde im Kühlschrank ziehen lassen. Vor dem Servieren noch einmal gründlich durchrühren. Achtung: Feurig!

Für die Mozzarella-Sticks den Mozzarella aus der Lake nehmen, abtropfen lassen und ringsum gründlich mit Küchenpapier abtupfen. Anschließend in fingerlange, ca. 3 cm breite Streifen schneiden.

Die Eier in eine flache Schüssel aufschlagen, die Milch hinzufügen und verquirlen. In einer separaten Schüssel die Semmelbrösel mit dem Kräutersalz vermischen.

In einer antihaftbeschichteten Pfanne bei hoher Hitze das Pflanzenöl erwärmen. Während das Öl heiß wird, die Mozzarella-Streifen panieren. Hierzu die Käsestreifen einzeln, einen nach dem anderen, erst durch die Eier-Milch-Mischung ziehen und dann so in der Semmelbrösel-Kräutersalz-Mischung wenden, dass der Mozzarella ringsum damit überzogen ist. Die panierten Sticks dann portionsweise in das heiße Öl geben und jeweils 1 Minute goldbraun ausbacken. Mit einem Schaumlöffel aus der Pfanne nehmen und zum Abtropfen auf einen mit Küchenpapier ausgelegten Teller geben. Direkt zusammen mit Pop's Spezialsauce servieren.

SHOC'LIT
SHOPPE

ICED COFFEE FÜR DICHTER & DENKER

FÜR 1 DRINK

ZUTATEN

2 cl Eierlikör

5 cl kalter, kräftiger Kaffee

3 cl Milch (3,5 % Fett)

1–2 TL Zucker

Eiswürfel

Schlagsahne (nach Belieben)

Außerdem
Cocktailshaker

ZUBEREITUNG

Eierlikör, kalten Kaffee, Milch, Zucker und Eiswürfel in einen Cocktailshaker geben und 15 Sekunden kräftig schütteln.

Den Iced Coffee mit den Eiswürfeln in ein geeignetes Glas gießen und zeitnah servieren. Nach Belieben mit Schlagsahne garnieren.

POP'S APFELKUCHEN

FÜR 1 KUCHEN
(CA. 8 PORTIONEN)

ZUTATEN

Für den Boden

200 g Mehl (Type 405), plus etwas mehr zum Arbeiten

1 TL Backpulver

75 g kalte Butter oder Margarine, plus etwas mehr für die Form

75 g Zucker

1 Pck. Vanillezucker

1 Ei (Größe M)

Für den Belag

3 große Äpfel

250 g Margarine

200 g Zucker

5 Eier (Größe M)

1 Pck. Vanillezucker

350 g Mehl (Type 405)

1 Pck. Backpulver

1 Eigelb zum Bestreichen

Puderzucker

Außerdem

Tarte- oder Pastetenform (Ø 28 cm)

ZUBEREITUNG

Für den Boden in einer kleinen Schüssel das Mehl mit dem Backpulver vermischen und in eine Rührschüssel sieben. Die kalte Butter (oder Margarine) in ca. 1 cm große Würfel schneiden und gleichmäßig auf der Mehl-Backpulver-Mischung verteilen. Zucker, Vanillezucker und Ei dazugeben und alles kräftig mit den Händen verkneten, bis ein glatter, geschmeidiger Teig entsteht. Die Schüssel mit Frischhaltefolie abdecken und für 30 Minuten in den Kühlschrank stellen.

Die Form mit etwas Butter einfetten.

Die Arbeitsfläche mit Mehl bestäuben. Den gekühlten Teig aus dem Kühlschrank nehmen und mit den Händen erneut einige Minuten durchkneten, bis der Teig schön glatt ist und nicht mehr bröckelt oder an euren Fingern klebt. Den Teig dann in zwei gleich große Portionen aufteilen und mit einem Nudelholz jeweils ca. 1 cm dick ausrollen. Eine der Teigdecken in die eingefettete Form legen, ringsum andrücken und an den Rändern vorsichtig mit den Händen hochziehen; oben überstehenden Teig abschneiden. Mit einer Gabel mehrmals kleine Löcher in den Kuchenboden stechen.

Die zweite Teigdecke mit einem großen, scharfen Messer in ca. 1 cm breite Streifen schneiden. Den Backofen auf 180 °C (Ober-/Unterhitze) vorheizen.

Für den Belag die Äpfel schälen, von den Kerngehäusen befreien und die Äpfel in ca. 2 cm große Würfel schneiden.

Auf der nächsten Seite geht's weiter →

So geht's weiter

Margarine, Zucker, Eier, Vanillezucker, Mehl und Backpulver in eine Rührschüssel geben und mit einem Handrührgerät ca. 2 Minuten auf mittlerer Stufe durcharbeiten, bis ein geschmeidiger Teig entsteht. Mit einem Teigschaber oder Löffel behutsam die Apfelwürfel unter den Teig heben.

Die Apfelmasse gleichmäßig in die mit dem Mürbeteig ausgelegte Form geben, die Oberseite glatt streichen und aus den Teigstreifen ein Gitter formen. Das Gitter über den Kuchen breiten, an den Rändern andrücken und überschüssigen Teig abschneiden. Das Gitter mit Eigelb bestreichen. Den Kuchen im heißen Ofen (Mitte) ca. 30 Minuten backen, bis ein Zahnstocher, den man in die Mitte des Kuchens pikt, beim Herausziehen sauber bleibt. Sollte das Teiggitter bis dahin zu dunkel werden, den Kuchen mit Alufolie abdecken.

Den Kuchen aus dem Ofen nehmen, in der Form vollständig abkühlen lassen und zum Servieren nach Belieben noch mit Puderzucker bestreuen.

THE CHERYL BLOSSOM

FÜR 1 DRINK

ZUTATEN

roter Dekorzucker oder Jingle Jangle (S. 32)
Zitronensaft
Eiswürfel
3 cl Sambuca
1 ½ cl Grenadine
90 ml kalte Milch
3 Cocktailkirschen

Außerdem
Whiskey-Glas
Cocktailshaker
Cocktailspieß

ZUBEREITUNG

Den Dekorzucker bzw. das Jingle Jangle auf einen flachen Teller geben. Den Rand des Glases ringsherum mit etwas Zitronensaft bestreichen und das Glas umgedreht in den Zucker tauchen. Einige Minuten antrocknen lassen.

Unterdessen einige Eiswürfel in einen Shaker geben. Sambuca, Grenadine und kalte Milch hinzufügen, den Shaker sorgsam verschließen und 30 Sekunden kräftig schütteln. So vorsichtig in das vorbereitete Glas seihen, dass der Zuckerrand dabei nicht beschädigt wird.

Die Cocktailkirschen auf den Cocktailspieß stecken, den Drink damit garnieren und sofort servieren.

THORNHILL-HIRSCHEINTOPF

FÜR 4 PORTIONEN

ZUTATEN

4 große Schalotten
2 Knoblauchzehen
1 Bund Suppengrün
40 g frischer Ingwer
1 rote Chilischote
800 g Hirschfleisch (z. B. Bug, Keule, in Stücken)
Salz
frisch gemahlener schwarzer Pfeffer
1 EL Butter
1 EL Olivenöl
1 TL gemahlener Kreuzkümmel
1 Lorbeerblatt
100 ml Sauerkirschsaft
250 ml Wildfond (bei Bedarf mehr)
frische Kresse

ZUBEREITUNG

Die Schalotten schälen und grob hacken. Den Knoblauch schälen und leicht andrücken. Das Suppengrün waschen und in feine Würfel schneiden. Den Ingwer schälen und fein reiben, die Chili waschen, putzen und fein hacken. Das in mundgerechte Stücke geschnittene Fleisch kräftig salzen und pfeffern.

In einem großen Topf bei mittlerer Hitze die Butter und das Öl erhitzen. Sobald die Butter vollständig geschmolzen ist, das Fleisch hineingeben und unter beständigem Rühren ca. 10 Minuten ringsum scharf anbraten. Schalotten und Knoblauch hinzufügen, alles vermischen und 2–3 Minuten mitrösten. Das fein gewürfelte Suppengemüse dazugeben, unterrühren und 2–3 Minuten mitrösten. Schließlich Ingwer, Chili, Kreuzkümmel und Lorbeerblatt hinzufügen, das Ganze mit Sauerkirschsaft und Wildfond aufgießen und einmal kräftig aufkochen.

Die Hitze auf niedrig reduzieren und den Eintopf mit Deckel unter gelegentlichem Rühren 2 Stunden sanft schmoren lassen; dabei bei Bedarf noch etwas mehr Fond dazugeben, falls das Ganze zu trocken wird. Sobald das Fleisch schön zart ist, den Eintopf mit Salz und Pfeffer abschmecken, auf tiefe Teller verteilen und, mit etwas frischer Kresse garniert, servieren.

TIPP

Wie die meisten Eintöpfe schmeckt auch dieser besonders gut, wenn man ihn vor dem Servieren einige Stunden durchziehen lässt und dann nur nochmal sanft erwärmt. Also am besten schon am Vortag zubereiten!

OPFERLAMM-PASTETE

FÜR 4 PORTIONEN

ZUTATEN

1 Lage TK-Blätterteig
3 rote Zwiebeln
1 mittelgroße Möhre
2 Pastinaken
1 Frühlingszwiebel
etwas Öl
500 g Lammfleisch (am besten Keule, in Stücken, küchenfertig)
3 EL Tomatenmark
1 EL Paprikamark
100 ml Rotwein
200 ml Rinderfond
2 Lorbeerblätter
Salz, Pfeffer
getrockneter Liebstöckel (nach Belieben)
1 Eigelb, zum Bestreichen

Außerdem
Pastetenform (Ø 26 cm)

ZUBEREITUNG

Den Blätterteig nach Packungsanweisung auftauen.

Zwiebeln, Möhre und Pastinaken schälen und in feine Würfel schneiden. Die Frühlingszwiebel waschen, putzen und in feine Ringe schneiden.

Das Öl in eine große Pfanne geben und bei hoher Hitze erwärmen. Sobald das Öl heiß ist, das Fleisch darin unter gelegentlichem Wenden ringsum scharf anbraten. Dann aus der Pfanne nehmen und zum Abtropfen auf einen mit Küchenpapier ausgelegten Teller geben.

Zwiebeln, Möhren und Pastinaken zusammen mit der Frühlingszwiebel in die bereits verwendete Pfanne geben und unter regelmäßigem Rühren anbraten (ca. 3 Minuten), bis das Gemüse ringsum schön braun ist und Röstaromen entwickelt hat. Tomaten- und Paprikamark einrühren und noch 1 Minute länger schmoren. Dann mit Rotwein und Rinderfond ablöschen, die Lorbeerblätter hineingeben und nach Belieben mit Salz, Pfeffer und 1 Prise Liebstöckel abschmecken. Auf mittlere Hitze reduzieren und ohne Deckel für 1 Stunde köcheln lassen; dabei gelegentlich umrühren. Das Ziel ist, die Füllung möglichst stark einzureduzieren, ohne dass sie zu trocken wird.

Auf der nächsten Seite geht's weiter →

TIPP

Natürlich könnt ihr den Rotwein bei diesem Rezept auch problemlos weglassen.

So geht's weiter

In der Zwischenzeit den aufgetauten Blätterteig ausrollen, die Pastetenform umgedreht darauflegen und den Teig mit einem kleinen, scharfen Messer so zurechtschneiden, dass er ca. 1 cm größer ist als die Form selbst. Diesen „Deckel" beiseitelegen. Den übrigen Blätterteig so in die Form legen, dass sich die Stücke leicht überlappen. An den Seiten glatt streichen, sodass der Pastetenboden komplett geschlossen ist.

Den Backofen auf 180 °C (Ober-/Unterhitze) vorheizen.

Nach 1 Stunde Garzeit sollte das Fleisch schön weich und faserig sein. Vom Herd nehmen und die Lorbeerblätter herausnehmen. Die Füllung 10 Minuten abkühlen lassen. Sollte trotz allem noch zu viel Flüssigkeit enthalten sein, vorsichtig abgießen. Die möglichst trockene Füllung dann in die Form füllen, die Oberseite glätten und den Blätterteigdeckel darauflegen. Die überstehenden Teigränder um die Form klappen und andrücken, um die Pastete zu verschließen.

Mit einem kleinen, scharfen Messer einige kleine Schlitze in den Blätterteig schneiden, damit der Dampf entweichen kann. In einem Becher das Eigelb verquirlen und den Teig damit bestreichen. Im heißen Ofen (Mitte) 20 Minuten backen. Herausnehmen und vor dem Servieren einige Minuten ruhen lassen.

HEXENLASAGNE

FÜR 1 LASAGNE
(CA. 4–5 PORTIONEN)

ZUTATEN

Für die Lasagne
2 rote Zwiebeln
2 Knoblauchzehen
1 Bund frische Petersilie
etwas Olivenöl
200 g Schinkenwürfel
800 g gemischtes Hackfleisch
2 EL Tomatenmark
100 ml trockener Rotwein (optional)
800 g Pizzatomaten (Dose)
Zucker
Salz, Pfeffer
2 EL Butter, plus etwas mehr für die Form
2 EL Mehl (Type 405)
500 ml Milch
frisch geriebene Muskatnuss
500 g Lasagneplatten
200 g geriebener Mozzarella

Für die „Augen“
½ Frühlingszwiebel
4 hart gekochte Eier (Größe M)
3 EL Mayonnaise
Salz, Pfeffer
4 Paprika-Oliven

Außerdem
Auflaufform (ca. 22 x 28 cm)

ZUBEREITUNG

Zwiebeln und Knoblauch schälen und fein hacken. Die Petersilie waschen, trocken schütteln und fein hacken.

Etwas Olivenöl in eine große Pfanne geben und bei hoher Hitze erwärmen. Sobald das Öl heiß ist, Zwiebeln und Knoblauch hineingeben und glasig dünsten. Die Schinkenwürfel hinzufügen, durchmischen und 2 Minuten anbraten. Das Hackfleisch dazugeben, ringsum scharf anbraten und dabei mit dem Kochlöffel zerbröseln.

Sobald das Hackfleisch fast gar ist, das Tomatenmark einrühren und 2 Minuten anrösten. Mit dem Rotwein ablöschen. Die fein gehackte Petersilie und die Pizzatomaten mit in die Pfanne geben, mit 1 Prise Zucker würzen und mit Salz und Pfeffer abschmecken. Ohne Deckel ca. 15 Minuten köcheln lassen.

Währenddessen in einem Topf bei mittlerer Hitze die Butter schmelzen. Sobald sich die Butter vollständig verflüssigt hat, das Mehl hinzufügen und alles mit einem Schneebesen verquirlen, bis ihr viele kleine, trockene Mehlbröckchen habt. Dann langsam, nach und nach, die Milch dazugeben und immer weiter verquirlen, bis das Ganze schön cremig ist. Schließlich mit Salz, Pfeffer und etwas Muskatnuss abschmecken.

Den Backofen auf 180 °C (Umluft) vorheizen.

Die Auflaufform mit etwas Butter einfetten. Jetzt die Lasagne schichten. Hierzu eine Schicht Nudelplatten nahtlos unten in die Form legen; die Platten bei Bedarf entsprechend zurechtbrechen. Gleichmäßig eine dünne Schicht Hackfleischsauce darauf verteilen, etwas von der Béchamelsauce darauf verstreichen und mit einer weiteren Lage Nudelplatten bedecken. Hierauf wiederum Hackfleischsauce geben. Dies so lange wiederholen, bis die gesamte Sauce aufgebraucht und die Form fast voll ist; dabei darauf achten, mit einer Schicht Sauce zu enden. Großzügig mit dem geriebenen Mozzarella bestreuen und die Lasagne 30 Minuten im heißen Ofen (Mitte) backen. Anschließend aus dem Ofen nehmen und einige Minuten abkühlen lassen. Unmittelbar vor dem Servieren mit den „Augen“ garnieren (siehe unten).

Für die „Augen“ die Frühlingszwiebel putzen, waschen und fein hacken. Die hart gekochten Eier halbieren. Mit einem kleinen Löffel vorsichtig so das Eigelb aus den Eierhälften entfernen, sodass das Eiweiß intakt bleibt.

Das Eigelb in eine kleine Schüssel geben, die Mayonnaise und die Frühlingszwiebeln hinzufügen und alles sorgsam verrühren. Nach Belieben mit Salz und Pfeffer abschmecken. Die Füllung zurück in die Eierhälften geben, die Oberseiten glatt streichen und jeweils eine waagerecht halbierte Olive so darauflegen, dass das Ganze an ein Auge erinnert. Die Oliven leicht andrücken und die Eier bis zur Verwendung kaltstellen.

GRYPHONS-GEMÜSECHIPS

FÜR 800 g GEMÜSECHIPS

ZUTATEN

200 g Bio-Rote-Bete
200 g Bio-Pastinaken
200 g Bio-Möhren
200 g Bio-Kartoffeln
Salz
½ EL Pfeffer
2 EL geräuchertes Paprikapulver
4 EL Pflanzenöl
weitere Gewürze (nach Belieben)

ZUBEREITUNG

Den Backofen auf 100 °C (Umluft) vorheizen. Zwei Backbleche mit Backpapier auslegen. Wer einen Dörrautomaten hat, kann die Chips auch darin zubereiten (siehe Tipp).

Das Gemüse waschen und mit Küchenpapier trocken tupfen. Wer will, kann das Gemüse schälen, doch grundsätzlich genügt es, die Rote Bete, die Pastinaken, die Möhren und die Kartoffeln mit einem Gemüsehobel in ca. 3 mm dicke Scheiben zu schneiden.

In einer kleinen Schüssel 3 EL Salz, Pfeffer und Paprikapulver mit dem Öl vermengen und mit den Gemüsescheiben in einen großen Gefrierbeutel geben. Alles so vermengen, dass die Gemüsescheiben ringsum von einem dünnen Öl-Gewürz-Film bedeckt sind.

Die Gemüsechips auf den Backblechen verteilen, dabei darauf achten, dass sie sich nicht überlagern. Im heißen Ofen (Mitte) ca. 1 Stunde trocknen, dabei regelmäßig wenden. Die Ofentür muss die ganze Zeit einen Spaltbreit offen stehen, damit die Feuchtigkeit entweichen kann; am besten einen Kochlöffel in die Tür klemmen. Sollten die Chips nach Ablauf der Zeit noch nicht knusprig genug sein, entsprechend länger dörren. Sobald die gewünschte Knusprigkeit erreicht ist, aus dem Backofen nehmen und entweder zeitnah servieren oder auf den Blechen vollständig auskühlen lassen und bis zum Verzehr in einem luftdicht verschließbaren Behältnis lagern.

TIPP

Verwendet ihr zum Dörren der Gemüsechips statt des Backofens ein Dörrgerät, die Chips bei 40 °C 6–8 Stunden trocknen lassen; dabei zwischendurch wenden, damit die Chips gleichmäßig dörren und nicht zu dunkel werden. Sobald die gewünschte Knusprigkeit erreicht ist, herausnehmen und bis zum Verzehr in einem luftdicht verschließbaren Behältnis lagern.

SÜNDENKUCHEN

FÜR 1 KUCHEN (CA. 6 PORTIONEN)

ZUTATEN

Für den Teig
150 g weiche Butter, plus etwas mehr für die Form
150 g Zucker
2 Eier (Größe M)
400 g Mehl (Type 405) plus etwas mehr für die Arbeitsfläche
50 g gemahlene Mandeln

Für die Füllung
300 g Sauerkirschen (Glas)
3 EL Zitronensaft
75 g Rohrzucker
1 EL Mehl (Type 405)

Für die Glasur
100 g Puderzucker

Außerdem
Pastetenform (Ø 22 cm)

ZUBEREITUNG

Den Backofen auf 180 °C (Umluft) vorheizen. Die Pastetenform mit etwas Butter einfetten.

Butter und Zucker in eine Rührschüssel geben und mit einem Handrührgerät zu einer cremigen Masse verrühren. Die Eier einarbeiten, dann nach und nach das Mehl und die gemahlenen Mandeln unterrühren. Sobald ein fester Teig entstanden ist, mit den Händen zu einer Kugel formen, in Frischhaltefolie wickeln und für mindestens 1 Stunde in den Kühlschrank geben.

Zwei Drittel des gekühlten Teigs anschließend auf einer leicht bemehlten Arbeitsfläche 2–3 mm dick ausrollen. Die Pastetenform mit dem Teig auslegen, an den Rändern gut andrücken, überstehenden Teig abschneiden und zum übrigen Teig geben. Mit einer Gabel mehrmals kleine Löcher in den Boden stechen, damit er beim Backen keine Blasen schlägt.

Für die Füllung die gut abgetropften Kirschen zusammen mit Zitronensaft, Rohrzucker und Mehl in eine kleine Schüssel geben und sorgsam verrühren. Gleichmäßig auf dem Teigboden verteilen.

Den restlichen Teig zu einem dünnen Deckel ausrollen, der so groß ist wie die Pastetenform. Den Teigdeckel auf die Füllung legen und die beiden Teigschichten ringsum mit den Fingerspitzen so zusammendrücken, dass der typische Pastetenrand entsteht. Überstehenden Teig abschneiden.

Den Kuchen mittig einschneiden, damit beim Backen der Dampf entweichen kann, und ca. 35 Minuten im heißen Ofen (Mitte) backen. Dann aus dem Ofen nehmen und etwas abkühlen lassen.

Puderzucker und 1–2 EL Wasser verrühren und den noch warmen Kuchen mit einem Backpinsel großzügig mit der Glasur bestreichen. Vor dem Verzehr einige Minuten trocknen lassen.

GARGOYLE-COOKIES

FÜR CA. 15–20 COOKIES

ZUTATEN

200 g Vollmilch-Kuvertüre

100 g weiße Kuvertüre

200 g Butter

250 g Rohrzucker

1 Pck. Vanillezucker

1 Ei (Größe M)

280 g Mehl (Type 405)

Salz

1 TL Natron

25 g gefriergetrocknete Himbeeren

ZUBEREITUNG

Den Backofen auf 190 °C (Umluft) vorheizen. Zwei Backbleche mit Backpapier auslegen.

Die beiden Kuvertüren grob hacken, in separate Schüsseln geben und beiseitestellen.

Butter, Rohr- und Vanillezucker in eine Schüssel geben und mit einem elektrischen Handrührgerät 3 Minuten schaumig rühren. Das Ei hinzufügen und weitere 3 Minuten durcharbeiten, bis das Ganze schön cremig ist.

In einer separaten Schüssel Mehl, 1 Prise Salz und Natron vermischen. Zu der Buttermischung geben und mit einem Holzlöffel so lange unterrühren, bis ein relativ fester Teig entsteht. Den Teig halbieren.

Jeweils eine Teighälfte in eine Schüssel geben. Eine der Teighälften mit der Vollmilch-Kuvertüre vermischen, die andere mit der weißen Kuvertüre und den gefriergetrockneten Himbeeren.

Mit zwei Teelöffeln mit ausreichend Abstand zueinander (mind. 5 cm) kleine Teighäufchen auf die Backbleche geben und leicht andrücken. Dabei darauf achten, dass die Cookies möglichst gleich groß sind, damit sie gleichmäßig backen und zur selben Zeit fertig sind.

Für 10–12 Minuten im heißen Ofen (Mitte) backen. Anschließend sind die Cookies noch sehr weich, aber das ist normal. Holt sie trotzdem schon aus dem Ofen und lasst sie auf den Blechen 20 Minuten abkühlen. Erst danach mit einem Pfannenwender vorsichtig vom Backpapier lösen und bis zum Verzehr in einem großen, luftdicht verschließbaren Behältnis verwahren.

PLAYERS MANUAL

REGISTER

AHORNSIRUP
Babylonium-Daiquiri *98*
Luna Rum Sour *106*
Moose Milk *124*
Pancakes mit Blossom-Ahornsirup *14*

AJVAR
Mozzarella-Sticks mit Spezialsauce *126*

ÄPFEL
American Coleslaw *74*
Kevins Pausensnack *78*
Mrs. Coopers gefüllter Festtagstruthahn *110*
Pop's Apfelkuchen *130*

APFELSAFT
Bulldog-Smoothie *54*

B

BACKKAKAO
Double Chocolate Banana Shake *118*
Kirsch-Cupcakes *68*

BANANEN
Bulldog-Smoothie *54*
Double Chocolate Banana Shake *118*
Riverdale Sundae *96*

BBQ-SAUCE
Crispy Chicken Fingers *72*

BIER
Pop's Chili Cheese Fries *92*
The Southside Serpents' Shandy *62*

BLÄTTERTEIG
Bean & Beluga Croissants *46*
Opferlamm-Pastete *138*

BLUE CURAÇAO (ALKOHOLFREI)
Pop's Soda Floats *80*

BOURBON
Moose Milk *124*

BROMBEEREN
Miss Grundys Henkers-mahlzeit *66*

BROT UND BRÖTCHEN
Kevins Pausensnack *78*
Legendärer Bacon-Cheeseburger *102*
Mac & Cheese Sandwich *50*
Miss Grundys Henkers-mahlzeit *66*
Miss Grundys Picknick-Sandwich *56*
Pop's Bagel-Burger *90*
Pop's Shrimp Po Boy *100*
Truthahn-Roggenbrot-Sandwich *120*

BUTTERMILCH
American Coleslaw *74*
Crispy Chicken Fingers *72*
Pancakes mit Blossom-Ahornsirup *14*

C

CAJUN-GEWÜRZ
Pop's Shrimp Po Boy *100*

CHEDDAR
Legendärer Bacon-Cheeseburger *102*

CHILI
Fritos Pie *122*
Jugheads Hotdogs *82*
Pop's Chili Cheese Fries *92*
Pop's Shrimp Po Boy *100*
Thornhill-Hirsch-eintopf *136*

CHILIFLOCKEN
Archies Süßkartoffel-pommes *86*

CHILISAUCE
Mozzarella-Sticks mit Spezialsauce *126*

CHIPS
Fritos Pie *122*

COGNAC
Feines New Yorker Hummersüppchen *40*

COINTREAU
Cosmopolitan *76*

CORNFLAKES
Crispy Chicken Fingers *72*

CRANBERRYSAFT
Cosmopolitan *76*

CRÈME FRAÎCHE
Pop's Bagel-Burger *90*

CURRYPULVER
Pop's Steakhouse-Pommes *104*

E

EIERLIKÖR
Iced Coffee für Dichter & Denker *128*

ERBSEN
American Coleslaw *74*
Fritos Pie *122*
Jugheads Hotdogs *82*

ERDBEEREN
Cheryls Erdbeer-Vanille-Shake *16*
Riverdale Sundae *96*

FENCHEL
Feines New Yorker Hummersüppchen *40*

FONDANT
Jugheads Geburtstagskuchen *30*

FRISCHKÄSE
Pop's Möhrenkuchen *108*

FRÜHLINGSZWIEBELN
Pop's Chili Cheese Fries *92*

FRÜHSTÜCKSSPECK
Kevins Pausensnack *78*
Legendärer Bacon-Cheeseburger *102*
Miss Grundys Picknick-Sandwich *56*

GEFLÜGELLEBER
Mrs. Coopers gefüllter Festtagstruthahn *110*

GEWÜRZGURKEN
Legendärer Bacon-Cheeseburger *102*

GIN
Southside Fizz *52*

GÖTTERSPEISEPULVER
Jingle Jangle *32*

GRENADINE
The Cheryl Blossom *134*

H

HACKFLEISCH
Fritos Pie *122*

HACKFLEISCH, GEMISCHT
Hexenlasagne *142*
Pop's Chili Cheese Fries *92*

HÄHNCHENBRUSTFILETS
Crispy Chicken Fingers *72*

HARTWEIZENGRIESS
Archies Süßkartoffelpommes *86*

HEIDELBEEREN
Miss Grundys Henkersmahlzeit *66*
Pancakes mit Blossom-Ahornsirup *14*
Riverdale Sundae *96*

HIMBEEREN
Gargoyle-Cookies *150*
Pancakes mit Blossom-Ahornsirup *14*
Zweierlei Chock'lit-Waffeln *114*

HIMBEERSAUCE
Zweierlei Chock'lit-Waffeln *114*

HIRSCHFLEISCH
Thornhill-Hirscheintopf *136*

HONIG
Hausgemachter Orangensaft *26*
Pop's Bagel-Burger *90*

HOTDOG-BRÖTCHEN
Jugheads Hotdogs *82*

HÜHNERBRÜSTE
Pop's Bagel-Burger *90*

HÜHNERFOND
Mrs. Coopers gefüllter Festtagstruthahn *110*

HUMMER
Feines New Yorker Hummersüppchen *40*

I

INGWER
The Southside Serpents' Shandy *62*
Thornhill-Hirscheintopf *136*

K

KAFFEE
Espresso Martini *38*
Iced Coffee für Dichter & Denker *128*

KAFFEELIKÖR
Espresso Martini *38*
Moose Milk *124*

KARAMELLBONBONS
Brezel-Karamell-Popcorn *60*

KARAMELLPUDDING
Pop's Salted Caramel Mousse *88*

KARAMELLSAUCE
Chock'lit-Brownies *18*

KARTOFFELN
Gryphons Gemüsechips *146*
Pop's Chili Cheese Fries *92*
Pop's Steakhouse-Pommes *104*

KÄSE
Jugheads Hotdogs *82*
Kevins Pausensnack *78*
Mac & Cheese Sandwich *48*
Mrs. Coopers Quiche *24*
Pop's Chili Cheese Fries *92*
Truthahn-Roggenbrot-Sandwich *120*

KETCHUP
Mozzarella-Sticks mit Spezialsauce *126*

KIDNEYBOHNEN
Fritos Pie *122*
Jugheads Hotdogs *82*
Pop's Chili Cheese Fries *92*

KIRSCHEN
Kirsch-Cupcakes *68*
Pop's Soda Floats *80*
The Cheryl Blossom *134*

KIRSCHLIMONADE
Pop's Soda Floats *80*

KIRSCHSIRUP
Pop's Soda Floats *80*

KIWIS
Bulldog-Smoothie *54*

KOKOSWASSER
Bulldogs Lemon & Lime-Energydrink *70*

KREUZKÜMMEL, GEMAHLEN
Pop's Chili Cheese Fries *92*
Thornhill-Hirscheintopf *136*

L

LAMMFLEISCH
Opferlamm-Pastete *138*

LASAGNEPLATTEN
Hexenlasagne *142*

LAUCH
Feines New Yorker Hummersüppchen *40*
Mrs. Coopers Quiche *24*

LIMETTENSAFT
Babylonium-Daiquiri *98*
Bulldogs Lemon & Lime-Energydrink *70*
Bulldog-Smoothie *54*
Cosmopolitan *76*
Luna Rum Sour *106*
Southside Fizz *52*

M

MAGERQUARK
Pop's Salted Caramel Mousse *88*

MAIS
American Coleslaw *74*
Fritos Pie *122*
Jugheads Hotdogs *82*
Mrs. Coopers gefüllter Festtagstruthahn *110*

MAISMEHL
Pop's Shrimp Po Boy *100*

MANDELKROKANT
Bean & Beluga Croissants *46*
Zweierlei Chock'lit-Waffeln *114*

MANDELN
Pop's Möhrenkuchen *108*
Sündenkuchen *148*
Veronicas Lieblingsmacarons *34*
Veronicas Orangensalat *44*

MARZIPAN
Bean & Beluga Croissants *46*

MAYONNAISE
American Coleslaw *74*
Hexenlasagne *142*
Pop's Shrimp Po Boy *100*

MEERSALZ
Pop's Salted-Caramel-Mousse *88*

METT
Mrs. Coopers gefüllter Festtagstruthahn *110*

MINZE
Southside Fizz *52*

MÖHREN
American Coleslaw *74*
Feines New Yorker Hummersüppchen *40*
Gryphons Gemüsechips *146*
Opferlamm-Pastete *138*
Pop's Möhrenkuchen *108*

MOZZARELLA
Herzschmerzsalat *58*
Hexenlasagne *142*
Mozzarella-Sticks mit Spezialsauce *126*
Pizza geht immer! *64*

MUSKATNUSS
Hexenlasagne *142*

N

NUDELN
Mac & Cheese Sandwich *48*

O

OLIVEN
Pizza geht immer! *64*

ORANGEN
Hausgemachter Orangensaft *26*
Herzschmerzsalat *58*
Veronicas Orangensalat *44*

ORANGENLIKÖR
Veronicas Orangensalat *44*

ORANGENSAFT
Mrs. Coopers gefüllter Festtagstruthahn *110*

ORANGENZUCKER
Jingle Jangle *32*

P

PAPRIKA
American Coleslaw *74*
Fritos Pie *122*
Jugheads Hotdogs *82*
Pizza geht immer! *64*

PASTINAKEN
Gryphons Gemüsechips *146*
Opferlamm-Pastete *138*

PINIENKERNE
Mr. Andrews' Tomatensalat *28*

PIZZATEIG
Pizza geht immer! *64*

POPCORN-MAIS
Brezel-Karamell-Popcorn *60*

PREISELBEERKONFITÜRE
Mrs. Coopers gefüllter Festtagstruthahn *110*

PUTENBRUST
Truthahn-Roggenbrot-Sandwich 120

R

RADIESCHEN
Herzschmerzsalat 58

REMOULADE
Kevins Pausensnack 78
Miss Grundys Picknick-Sandwich 56
Pop's Shrimp Po Boy 100
Truthahn-Roggenbrot-Sandwich 120

RINDERFOND
Opferlamm-Pastete 138

RINDERHACKFLEISCH
Legendärer Bacon-Cheeseburger 102

ROTE BETEN
Gryphons Gemüsechips 146

ROTKOHL
American Coleslaw 74

RUCOLA
Kevins Pausensnack 78
Legendärer Bacon-Cheeseburger 102

RUM
Babylonium-Daiquiri 98
Luna Rum Sour 106
Moose Milk 124

S

SAFRAN
Feines New Yorker Hummersüppchen 40

SAHNE
Cheryls Erdbeer-Vanille-Shake 16
Double Chocolate Banana Shake 118
Kirsch-Cupcakes 68
Mrs. Coopers Quiche 24
Pop's Salted-Caramel-Mousse 88
Pop's Soda Floats 80
Riverdale Sundae 96

SALAT
Herzschmerzsalat 58
Miss Grundys Picknick-Sandwich 56
Pop's Shrimp Po Boy 100

SALATGURKEN
Truthahn-Roggenbrot-Sandwich 120

SALZBREZELN
Brezel-Karamell-Popcorn 60

SAMBAL OELEK
Mozzarella-Sticks mit Spezialsauce 126

SAMBUCA
The Cheryl Blossom 134

SAUERKIRSCHEN
Sündenkuchen 148

SAUERKIRSCHSAFT
Thornhill-Hirscheintopf 136

SAUERKRAUT
Jugheads Hotdogs 82

SCHALOTTEN
Feines New Yorker Hummersüppchen 40
Jugheads Hotdogs 82
Mrs. Coopers Quiche 24
Thornhill-Hirscheintopf 136

SCHINKEN
Fritos Pie 122
Hexenlasagne 142
Kevins Pausensnack 78
Mrs. Coopers Quiche 24

SCHLUMPFEIS
Pop's Soda Floats 80

SCHOKOLADE
Chock'lit-Brownies 18
Kirsch-Cupcakes 68

SCHOKOLADE, VOLLMILCH-
Gargoyle-Cookies 150

SCHOKOLADE, WEISS
Gargoyle-Cookies 150
Jede Menge Donuts! 20
Veronicas Lieblingsmacarons 34

SCHOKOLADE, ZARTBITTER
Bean & Beluga Croissants 46
Double Chocolate Banana Shake 118
Jede Menge Donuts! 20

SCHOKOSAUCE
Double Chocolate Banana Shake 118

SCHWEINEHACKFLEISCH
Jugheads Hotdogs 82

SELLERIE
Feines New Yorker Hummersüppchen 40
Mrs. Coopers gefüllter Festtagstruthahn 110

SEMMELBRÖSEL
Crispy Chicken Fingers 72
Mozzarella-Sticks mit Spezialsauce 126
Pop's berühmte Zwiebelringe 50

SENF
Pop's Bagel-Burger 90

SESAM
Jugheads Geburtstagskuchen 30

SHRIMPS
Pop's Shrimp Po Boy 100

SRIRACHA-SAUCE
Pop's Shrimp Po Boy 100

SÜSSKARTOFFELN
Archies Süßkartoffelpommes 86

T

TERIYAKI-SAUCE
Legendärer Bacon-Cheeseburger 102

TOMATEN
Feines New Yorker Hummersüppchen *40*
Fritos Pie *122*
Hexenlasagne *142*
Miss Grundys Picknick-Sandwich *56*
Mr. Andrews' Tomatensalat *28*
Pizza geht immer! *64*
Pop's Bagel-Burger *90*
Pop's Chili Cheese Fries *92*
Pop's Shrimp Po Boy *100*

TRAUBENZUCKER
Bulldogs Lemon & Lime-Energydrink *70*

TRUTHAHN
Mrs. Coopers gefüllter Festtagstruthahn *110*

VANILLEEIS
Cheryls Erdbeer-Vanille-Shake *16*
Moose Milk *124*
Pop's Soda Floats *80*

VANILLEEXTRAKT
Jede Menge Donuts! *20*

VANILLESCHOTEN
Jugheads Geburtstagskuchen *30*

VANILLEZUCKER
Double Chocolate Banana Shake *118*
Gargoyle-Cookies *150*
Jingle Jangle *32*
Kirsch-Cupcakes *68*
Pancakes mit Blossom-Ahornsirup *14*
Pop's Apfelkuchen *130*
Pop's Möhrenkuchen *108*
Riverdale Sundae *96*

WALNÜSSE
Chock'lit-Brownies *18*

WEISSKOHL
American Coleslaw *74*

WERMUT
Feines New Yorker Hummersüppchen *40*

WILDFOND
Thornhill-Hirscheintopf *136*

WODKA
Cosmopolitan *76*
Espresso Martini *38*

WURST
Jugheads Hotdogs *82*
Pizza geht immer! *64*

Z

ZIMT
Miss Grundys Henkersmahlzeit *66*
Pop's Möhrenkuchen *108*

ZITRONE-HOLUNDERBLÜTEN-LIMONADE
Pop's Soda Floats *80*

ZITRONEN
Hausgemachter Orangensaft *26*
The Southside Serpents' Shandy *62*

ZITRONENSAFT
Bulldogs Lemon & Lime-Energydrink *70*
Sündenkuchen *148*

ZITRONENSÄURE
Jingle Jangle *32*

ZITRONENZUCKER
Jingle Jangle *32*

ZUCKERSIRUP
Southside Fizz *52*
The Southside Serpents' Shandy *62*

ZWIEBELN
Hexenlasagne *142*
Legendärer Bacon-Cheeseburger *102*
Mr. Andrews' Tomatensalat *28*
Mrs. Coopers gefüllter Festtagstruthahn *110*
Mrs. Coopers Quiche *24*
Opferlamm-Pastete *138*
Pop's Bagel-Burger *90*
Pop's berühmte Zwiebelringe *50*

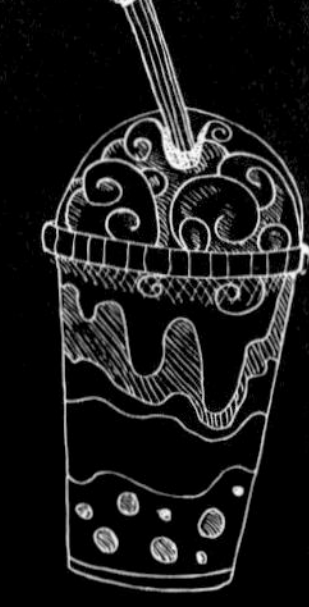

Serien-Junkies aufgepasst!

DAS INOFFIZIELLE HAWKINS-KOCHBUCH – Über 60 Koch- und Backrezepte für Stranger Things Fans

ISBN 978-3-96093-866-8

18,00 € (D) | 18,50 € (A)

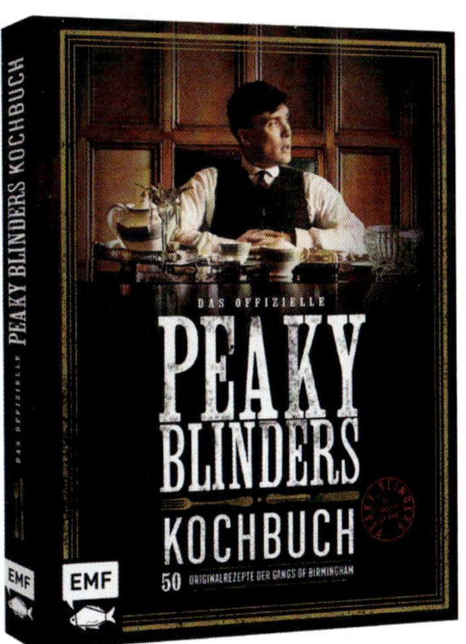

DAS OFFIZIELLE PEAKY-BLINDERS-KOCHBUCH – 50 Original-Rezepte der Gangs of Birmingham

ISBN 978-3-7459-1253-1

20,00 € (D) | 20,60 € (A)

LUPIN: ESCAPE GAME – Das offizielle Buch zur Netflix-Erfolgsserie!

ISBN 978-3-7459-1002-5

16,00 € (D) | 16,50 € (A)

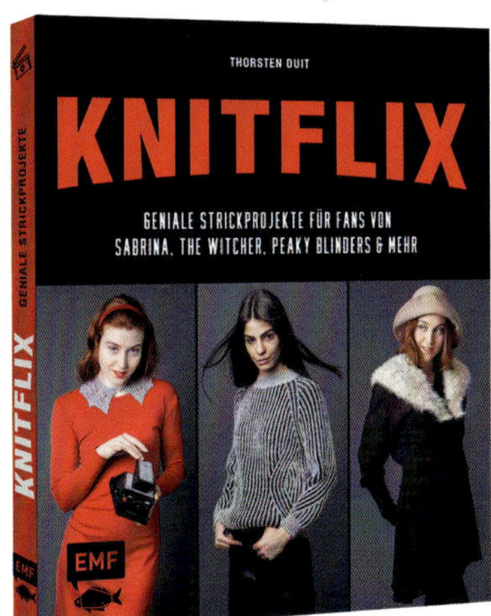

KNITFLIX – Geniale Strickprojekte für Fans von Sabrina, The Witcher, Peaky Blinders und mehr

ISBN 978-3-7459-0307-2

20,00 € (D) | 20,60 € (A)

Über den Autor

Tom Grimm, Jahrgang 1972, arbeitet seit dem Abschluss seiner Buchhändlerlehre als Romanautor, Übersetzer, Drehbuchschreiber, Journalist, Redakteur, Produzent und Herausgeber für eine Vielzahl internationaler Verlage. Neben seiner Begeisterung für Literatur, Film und Videospiele gilt seine Liebe vor allem Freizeitparks, Reisen, Rammstein, gutem Essen, schlechten Witzen und Grillexperimenten zu jeder Jahreszeit. Er ist passionierter Hobbykoch – Backen hingegen ist so gar nicht seins. Trotzdem hat's gereicht, um für seine Arbeit u. a. mit dem Gourmand – World Cookbook Award ausgezeichnet zu werden. Zusammen mit seiner Familie, einem Rudel Katzen und mehreren lebensgroßen Abbildern von Batman, Kung-Fu-Panda, Rayman und Thrall dem Ork lebt und arbeitet er in einer kleinen Stadt im mittleren Westen Deutschlands, die man beim besten Willen nicht kennen muss. (Echt nicht. Ganz ehrlich.)

Über den Fotografen

Dimitrie „Dimi" Harder wurde 1977 als zweites Kind einer russischen Mutter und eines deutschen Vaters im zentralasiatischen Kirgisistan geboren, das sich nicht bloß durch seine prachtvollen Bergpanoramen und seine wunderschöne Natur auszeichnet, sondern ebenso durch seine von Mythen und Sagen geprägte Kultur. 1990 kam er mit seiner Familie nach Deutschland, wo er seine Leidenschaft für die Fotografie entdeckte und sein Hobby nach Jobs als u. a. Melonenpflücker, Kinovorführer, Pizzabäcker und Bauarbeiter schließlich zu seinem Hauptbroterwerb machte. Mit viel Geduld und Hingabe zum Detail versetzt er sich in jede Stimmung, die die Welten erfordern, in denen er sich mit seinen Bildern bewegt. Er liebt Radfahren, Laufen, Wandern und sein Motorrad, verabscheut Lebensmittelverschwendung und ist der einzige Mensch auf Erden, der seinen „Partner in Crime", Tom Grimm, jemals offiziell als „Rüpel" bezeichnet hat. (Was er definitiv nicht ist – der Tom hat nur manchmal eine ziemlich große Klappe!)

DANKSAGUNG

Dinge ändern sich. Nicht bloß in Riverdale. Einige Türen schließen sich, andere gehen auf. So ist das im Leben. Nicht immer ist alles Friede, Freude, Eierkuchen – schon gar nicht in diesen Zeiten, die vielen von uns einiges abverlangen, auch, und vor allem, in meiner Branche. Doch um den großen britischen Staatsmann Winston Churchill zu zitieren: „Die Kunst ist, einmal mehr aufzustehen, als man umgeworfen wird." Und manchmal, wenn man wie eine Schildkröte hilflos auf dem Rücken liegt, braucht man eine ausgestreckte Hand, um wieder auf die Stummelbeinchen zu kommen.

In gewisser Weise gehörte diese Hand in meinem Fall Mareike Kress und Katharina Gutschik von EMF, die genau zur richtigen Zeit mit diesem Projekt um die Ecke kamen. Danke für euer Vertrauen!

Ein riesengroßes Dankeschön auch an unser großartiges Model Adelina, die uns geholfen hat zu zeigen, dass man Kochbuch und Cosplay wunderbar miteinander verbinden kann, wenn das Thema stimmt.

Und natürlich gilt mein Dank auch diesmal wieder den „üblichen Verdächtigen", die auf die eine oder andere Weise ihr Scherflein zum Gelingen dieses Projekts beigetragen haben, ob es ihnen selbst nun bewusst ist oder nicht. Als da wären (in keiner bestimmten Reihenfolge): Dimitrie Harder, mein „Partner in Crime", der sein Bestes gibt, um meine teils ziemlich aberwitzigen Ideen in Bilder umzusetzen; Holger „Holle" Wiest und Jo Löffler; Ulrich „Uli" Peste; Thomas Böhm; Thomas und Alexandra Stamm; und, natürlich, meine Familie, die mir ein ums andere Mal die Gelegenheit gibt, Abenteuer wie dieses zu erleben.

Für alles, das euch an diesem Buch gefällt, dankt diesen Menschen. Für sämtliche Patzer, inhaltliche Ungenauigkeiten und zu viel Selleriesalz hingegen dürft ihr gern Asche auf mein Haupt streuen. Aber nicht vergessen: Auf Beton wachsen keine Blumen!

Bibliografische Information der Deutschen Bibliothek.

Die Deutsche Bibliothek verzeichnet diese Publikation in der Deutschen Nationalbibliografie.

Detaillierte bibliografische Daten sind im Internet über http://www.dnb.de/ abrufbar.

EIN BUCH DER EDITION MICHAEL FISCHER

1. Auflage 2023

Covergestaltung, Layout & Satz: Alexandra Wolf
Projektmanagement: Katharina Gutschik
Lektorat: Katharina Gutschik, Andrea Flor
Text & Rezepte: Tom Grimm
Fotografie: Tom Grimm & Dimitrie Harder

Bildnachweis: Schwarzer Hintergrund im gesamten Buch: © Krasovski Dmitri/Shutterstock
Moodbilder: S. 1: © Michael Mouritz/Unsplash; S. 8: © Birgitte Heiberg/Unsplash; S. 11: © Spencer Davis/Unsplash; S. 36: © Will H. McMahan/Unsplash; S. 42: © Krzysztof Hepner/Unsplash; S. 84: © Kyle Caraher/Unsplash; S. 94: © R. Mac Wheeler/Unsplash; S. 112: © Kate Laine/Unsplash; S. 132: © Altinay Dinc/Unsplash; S. 140: © Eyasu Etsub/Unsplash; S. 144: © Marko Blazevic/Unsplash
Illustrationen: S. 22, 84, 92, 128, 156: © Iraida Bearlala/Shutterstock; S. 70: © Martial Red/Shutterstock; S. 98: © SurfsUp/Shutterstock; S. 132: © ilonitta/Shutterstock

ISBN 978-3-96093-863-7

Gedruckt bei Polygraf Print, Čapajevova 44, 08001 Prešov, Slowakei

www.emf-verlag.de